徹底反論座談会3

宏洋《ひろし》問題「甘え」と「捏造」

幸福の科学総合本部 編

まえがき

人はなぜ、嘘《うそ》をつくのだろうか。

それは、自分を守るため。この世的な「自己保存」のためである。

しかし、嘘をつくことが「霊的な自己」を傷つけ、自己保存の反対の「自己破壊」につながることを、「この世がすべて」と思っている人びとは知らない。

宏洋氏は自分が書いた『幸福の科学との訣別』（文藝春秋刊）という本の中で、**「幼稚園には行かず、朝8時から夜8時まで、家でずっと勉強していました。幸福の科学の基本的な経典『太陽の法』などを、小学校へ上がる前には一通り読んでいました」**（同書七八ページ）と語っている。自分を偉く見せたいのかもしれないが、これが既に嘘である。私は小学校入学前の宏洋氏の教育係だったが、その頃の彼が十分もじっとしていられなかったことを証言できる。絵本は読んでいたが、『太陽の法』などの難しい本を四、五歳の子供が読めるわけもない。もし読んで勉強したと言うのなら、『太陽の法』の中の「八正道《はっしょうどう》」の「正《しょう》語《ご》」の教えについて、宏洋氏の口からぜひ解説してほしい。

　先日（二〇二〇年三月二十七日）、大川総裁は「嘘をつくなかれ。」という法話を説かれた。その中で「真実語《しんじつご》を語ることが大事。言葉で他人を傷つけなかったか。間違った言い方で人を傷つけた場合は、謝ったり、訂正したりしなければいけない」と、『太陽の法』の「正語」の教えの大切さを改めて説かれた。

「嘘を言ったら地獄に堕ちると信じていると、嘘は言えない。嘘をつくと心に想念の曇りをつくり、小悪魔、悪魔、天狗、妖怪、妖魔、狐・狸《たぬき》など、嘘を好む種類の霊界の住人を引き寄せる」「週刊誌レベルだと『嘘でも書いたら書き得。ここは嘘だがもう少し盛っておこう』と大きく書いたり、創作したりすることもあると思うが、必ず来世で判定される」と説かれている。

「来世、恐るべし」である。

　これに先立つ三月二十五日には、文藝春秋の新谷学《しんたにまなぶ》週刊文春編集局長の守護霊霊言「追い詰められた新谷学守護霊」も収録されている。その中で新谷氏の守護霊は、先般発刊された大川総裁の書籍『「文春」の報道倫理を問う』（幸福の科学出版刊）に触れて、「『君たちは恥ずかしくないのか』とマスコミを叱り飛ばせる教祖が、今の世にいるのか」「リーガルマインドもなく、善悪もわからず、部数と利益しか考えていない。その通りだよ。人の人生をおもちゃにして飯《めし》を食ってんだよ」「人として恥ずかしいよ。いつかは罰《ばち》が当たるとみんな感じてる」「来世は地獄だろうよ。そう思うよ」と、霊的に見た現在の状況を案外まともに把握している。

「今、社長と自分とどっちが責任取るかやっているところ。みんな（中部嘉人《なかべよしひと》文藝春秋社長の守護霊霊言を）見たら、これは社長だと思うよ」「社員のなかで、社長と編集局長を嫌っている人は、胸がすーっとするんだって」「弱っているんだよ。だからもう追撃はやめてください」と守護霊は言うが、地上の本人と守護霊は、宗教的修行が足りない場合、必ずしも同通しているわけではない。したがって、反省と謝罪をするまで追撃をやめるわけにはいかない。

ちなみに、新谷学氏守護霊の自己申告による過去世《かこぜ》は、大井川の渡しで、川の途中まで運んだ旅人に「もっと金を出さないと、ここで水の中に落とすぞ」と脅して金品を巻き上げる追い剝《は》ぎだったらしい。

宏洋氏も、最近のYouTube動画では顔が歪《ゆが》んできて、とても正視に堪《た》えないという声をよく聞く。悪魔に憑依《ひょうい》されると、顔もだんだん憑《つ》いているものに似てくるのだ。新谷氏の守護霊からも「彼の映画や〝Bar《バー》三代目〟が倒産するのは、はっきり見えている」と言われている。「天狗の高転び」で、転げ落ちていく途中は大暴れしているようにも見えるかもしれないが、谷底はすぐ目の前である。

因果の理法はくらませない。嘘をつき、悪事を行い、人の心、神仏の心を弄《もてあそ》ぶようなことをしたら絶対に許されないことを、宏洋氏と新谷学週刊文春編集局長、中部嘉人文藝春秋社長には、これを機会にぜひとも深く知ってほしい。

さらに、三月二十八日には「霊障者の立ち直りについて」という法話も大川総裁は説かれている。規則正しい生活、よく勉強して知性・理性・意志の力を鍛える、良い言葉を使う、人に嘘をつかない等、悪霊悪魔に取り憑かれた時に、自分で外して立ち直る方法が詳しく説かれている。もちろんその前提は、神仏を信じ、主と一体となることである。

正しい宗教は、悪を厳しく糾《ただ》すとともに、救いの道も常に開いている。これを機会にぜひ一度、幸福の科学の教えを深く学ぶことを勧める。

正しい宗教修行者に、どんなに嘘や悪口をぶつけても、心が鏡のように磨かれているので、「鏡返《かがみがえ》しの法」により、ぶつけた悪口がすべて自分に跳ね返ってくるだけだ。いい加減諦《あきら》めて反省し、天上界から地上に降りた時の気持ちをもう一度取り戻し、今からでも遅くないから人生を一からやり直すが良い。
そう発心《ほっしん》したとき、自分の肩に憑いていたものがベリッと音を立てて剝がれ、暖かい光が体の内側に射し込んでくるのを感じるだろう。

二〇二〇年三月二十九日

幸福《こうふく》の科学《かがく》 総合本部《そうごうほんぶ》 常務理事《じょうむりじ》 広報担当《こうほうたんとう》

喜島克明《きじまかつあき》

宏洋問題「甘え」と「捏造」　目次

3　宏洋氏の数々の妄想と「曲がった考え方」を検証する　82

6 真輝《まさき》さん、裕太《ゆうた》さん、愛理沙《ありさ》さんについての真実 167

第二章　教団運営の「捏造」への反証

6 「週刊新潮　大川宏洋氏関連記事」に反論する　276

※本書は、二〇二〇年三月十二日の「後半」、ならびに十三日に行われた座談会をとりまとめたものです。

第一章　家族周りの「捏造《ねつぞう》」への反証

座談会参加者（役職等は収録時点のもの。十三日は●印の十八名が参加）

大川《おおかわ》隆法《りゅうほう》　幸福の科学グループ創始者 兼 総裁
大川《おおかわ》紫央《しお》　幸福の科学総裁補佐
●大川《おおかわ》咲也加《さやか》　幸福の科学副理事長 兼 宗務《しゅうむ》本部総裁室長
●大川《おおかわ》直樹《なおき》　幸福の科学常務理事 兼 宗務本部第二秘書局担当
●大川《おおかわ》真輝《まさき》　幸福の科学指導研修局担当部長
●大川《おおかわ》裕太《ゆうた》　幸福の科学政務本部東京強化部長

司会

酒井《さかい》太守《たいしゅ》　幸福の科学宗務本部担当理事長特別補佐

＊以下、座談会参加者。五十音順

浅野《あさの》聖太《しょうた》　ＨＳＵ担当部長
阿部《あべ》一之《たかゆき》　幸福の科学事務局事務部部長
岩本《いわもと》志織《しおり》　幸福の科学横浜正心館《しょうしんかん》講師
●岩本《いわもと》尚之《たかゆき》　幸福の科学常務理事 兼 人事局長
奥田《おくだ》敬子《けいこ》　幸福の科学宗教教育企画局（エンゼル・プランＶ）部長

川島麻衣子《かわしままいこ》　在家《ざいけ》信者

●喜島克明《きじまかつあき》　幸福の科学常務理事（広報担当）

●木村智重《きむらともしげ》　幸福の科学学園副理事長

黒田由紀《くろだゆき》　在家信者

●駒沢《こまざわ》さゆり　幸福の科学メディア文化事業局ニュースター・プロダクション担当
兼 ニュースター・プロダクション（株）秘書部長

斉藤愛《さいとうあい》　HSU事務局教務担当副局長

●坂本美好《さかもとみよし》　幸福の科学宗教教育企画局（エンゼル精舎《しょうじゃ》）担当チーフ

佐藤直史《さとうなおふみ》　幸福の科学出版社長

●佐藤悠人《さとうゆうじん》　幸福の科学広報局法務室長 兼 HSU講師

嶋村美江《しまむらみえ》　幸福の科学人事局付職員

諏訪裕子《すわひろこ》　在家信者（一般社団法人ユー・アー・エンゼル理事長）

千眼美子《せんげんよしこ》　幸福の科学メディア文化事業局部長 兼 アリ・プロダクション（株）部長
兼 アリ・プロダクション（株）所属タレント

●竹内久顕《たけうちひさあき》　幸福の科学メディア文化事業局担当理事
兼 アリ・プロダクション(株)芸能統括専務取締役
●竹内由羽《たけうちゆう》　幸福の科学宗務本部特別参与
●武田亮《たけだりょう》　幸福の科学副理事長 兼 宗務本部長
●鶴川晃久《つるかわあきひさ》　幸福の科学理事 兼 東京正心館館長 兼 研修局長
●転法輪蘭《てんぽうりんらん》　幸福の科学宗教教育企画局担当局長
野口佑美《のぐちゆうみ》　在家信者
林紘平《はやしこうへい》　幸福の科学メディア文化事業局チーフ 兼 アリ・プロダクション(株)チーフ
樋口《ひぐち》ひかる　幸福の科学宗務本部ソフト開発室主任(兼 秘書)
●福本光宏《ふくもとみつひろ》　幸福の科学常務理事 兼 経理局長
●松田三喜男《まつだみきお》　幸福の科学理事 兼 事務局長
三觜智大《みつはしともひろ》　幸福の科学メディア文化事業局部長
●村田堅信《むらたけんしん》　幸福の科学人事局担当専務理事
村田《むらた》ひとみ　在家信者
森祐美《もりゆみ》　在家信者

1　「虐待《ぎゃくたい》」の有無を検証する

宏洋《ひろし》氏への虐待と言えるような実情はなかった

酒井太守　宏洋《ひろし》氏が出した嘘《うそ》だらけの本『幸福の科学との訣別《けつべつ》』（文藝春秋《ぶんげいしゅんじゅう》刊）について、『宏洋問題の「嘘」と真実』『宏洋問題「転落」の真相』（幸福の科学総合本部編、共に幸福の科学出版刊）に引き続き反論してまいります。

大川咲也加　初めに気になるところが、六三ページあたりからになりますが、大川家の教育において、幼少期に虐待《ぎゃくたい》が行われていたようなことを言っているところです。

大川家の長女である私から言わせていただくと、〝虐待〟と言えるような実情はありませんでした。本当に、みなさん一生懸命育ててくださったと思いますし、成長するに当たって、たくさんのスタ

『宏洋問題の「嘘」と真実』

『宏洋問題「転落」の真相』

ッフの方のお力添えがあって、今の私たちがあると思っています。
もちろん、みなさん、本当に愛情深く接してくださっていたので、私たちのわがままが過ぎるときには、心を鬼にして叱ってくださったり、「これはいけないよ」ということを言ってくださったりしたこともあります。

宏洋さんについても、わがままなところがあったら、「今度、これをやらかしたら、本当にお尻ぺんぺんよ！」とか、そういったことを言われることはあったかもしれませんが、彼が書いているように実際にお尻ぺんぺんを百回もやられたということは絶対にありません。

宏洋さんは話を盛る癖《くせ》があるんですけれども、本当にお尻を百回も叩かれたら、もう病院に行かなければいけないぐらいなので、そんなことはまずありませんし、実際に、宏洋さんは、担当だった方ととても仲良しで、一緒に楽しんでいました。

今になって「虐待された」などと言うのは、さすがにどうなのかなあと思いますけれども。

大川隆法　この話はよく使っているから、気をつけないといけませんね。

酒井太守　今日は、当時の担当だった方々も来られていますので、ぜひ、宏洋氏の主張に対する実態について教えていただければと思います。

奥田敬子　就学前の小さいころの咲也加さんと、宏洋さんをよく存じ上げているんですけれども、まず、『幸福の科学との訣別』に書かれているような虐待の光景を目にしたことは、一度もありません。

それぞれの個性があって、それに対して、おねえさんや、いろいろな人たちが、思いを込めて大切にお育てしていました。ただ、叱らなければいけないときには、本当に、目を見て真剣にお話をして叱ったことはあります。

でも、正直、小さいころには懐《なつ》いてくれていましたし、「絵本を二十冊読む」という約束を子供から「三十冊！」と言われたら、一生懸命読んだりもしていたなと思います。

大の大人に〝ボッコボコにされた〟というのはありえない話

酒井太守　例えば、「食事で発言をミスすると体罰が、ずっと行われていた」というようなことはありましたか。

黒田由紀　いや、それはなかったです。宏洋さんは、ふざけて「キャー」と言って、はしゃぐというか、じゃれ合うのが好きでした。ですから、そのときの担当のおねえさんも、彼に合わせて楽しくじゃれ合い、ちょっと発散させてあげるという感じでした。

大川咲也加　「お尻ぺんぺん」というのはありましたか。

黒田由紀　そういうことはしなかったです。実際に「ぺんぺん」したわけではなくて、口で「今度はもう駄目だよ」というように言っていただけのことです。宏洋君は、おにいさんに馬乗りになるようなことを、よくやらかすところがあったので、「それはいけないでしょう！」と、女性のほうからたしなめることはありました。

そこで虐待というようなことはしていません。逆に、とにかく宏洋君のほうが、大人に対して失礼なことをするところがあったので、そちらのほうが問題だと思っていました。

武田亮　私からもよろしいですか。

彼は、ネット上では、まるで大の大人に〝ボッコボコにされたんだ〟かのように言っていると思うのですが。それはありえない話です。全否定したい。

私が聞いた話では、宏洋氏がとても喜ぶので、女性スタッフが「ふざけていると、こういうことをしちゃうよー」みたいなことを言って、宏洋氏をあやしていただけです。確かに当時、私が学習室で待っていると、はしゃぎながら女性スタッフに連れられてやって来ることがよくありました。

おねえさんに「お尻ぺんぺんだよ」と言われて、本人もふざけて、喜んでいたという程度の話です。

小さいころから告げ口をする癖があった

酒井太守　きょう子さんは、何かしていたんですか。

黒田由紀　きょう子さんから叱られて「泣いて帰ってくる」ということはありました。でも、こちらが「そうだよね、ひどいね」などとなだめていると、あとで、その話を盛って、「おねえさんたちは、ママのことを本当はひどいと思ってるんだ！」というように母親に告げ口をされたりすることもあるので（苦笑）。

ですから、そこは気をつけながら気をつけながら、言葉かけをしていましたね。「今、宏洋君にきつく当たって、一生懸命、勉強を教えているのは、宏洋君が泣く姿ではなくて、合格して笑う姿を見たいんだよ。だから、今、厳しく勉強を教えているんだよ」というかたちで、毎回、諭《さと》していました。

だけど、宏洋君は、「おねえさんは分かってない！」「ママはひどいんだ。最低なんだ」と言うので、それに一緒に乗ってしまうと、「おねえさんだって、僕と同じで、ママをひどいと思ってるんだ」と言いかねなくて、それがすごくひどいんですね（苦笑）。

大川咲也加　宏洋さんは、告げ口するんですよね。

黒田由紀　そう、そう。そうなんですよ。

酒井太守　岩本尚之さんは、体罰のようなことを見ていませんか。聞いたことはないですか。

女性秘書からの相談をたくさん受けていたと思うんですが。

岩本尚之　見たことも聞いたこともなかったですね。

大川咲也加　「食事のときに変な発言をしたら、あとで体罰を受ける」という話は、たぶん、宏洋さんが食事のときに、「あのおねえさん、要らないよ」とか、そういったことを言っているからなんですよね。

そのように、「あのおねえさんは、本当にひどい」とか、一方的な告げ口をされたら、「なんで、そんなことを言うの」と、あとで言われたりしたこともあったのかもしれませんが、「何か失言をしたら体罰」とか「何か発言したら体罰」とか、そんなことはなかったです。

黒田由紀　そうですね。

あと、彼は私たちに、「お小遣いが欲しい」とか「ゲームが欲しい」とか、いろいろと要求するんですね。でも、それを、私たちでは許可できないので、「お食事中に相談しなさい」「自分の口で言いなさい」と、自分から発言するようによく言っていました。

積み木で殴って弟の前歯を折った宏洋氏

大川隆法　宏洋が小学校高学年ぐらいのころだと思うんですが、真輝を殴って、前歯を折ってしまったという事件があったんですね。

そのときに、きょう子《こ》さんが激怒して、「弟の前歯を折るぐらいまで殴るというのは、もう許せません。どのくらい痛いか、あなたも体感しなさい。これからやるから、歯を食いしばりなさい」と言って、平手打ちを一回だけしたことがあったようなのです。それは覚えていますが、「弟の歯を折る」というのは、やはり、親としては叱らなくてはいけないことかと思います。

大川真輝　確か、彼が中学受験のストレスか何かで、すごくピリピリしていたころのことです。まだ池田山《いけだやま》に住んでいたころですが、渡り廊下沿いで、宏洋氏と両親が会話しているのを私がチラッと見たのがきっかけだったと思います。成績が悪かったのを見せていたのかもしれませんが、そのあとで、宏洋氏がやって来て、「おまえ、見てただろう」というような感じで、積み木でガンッと歯をやられたんですね。

大川隆法　ああ、歯を。

大川真輝　まだ乳歯だったんですけれども、そのときに折れていますね。

大川隆法　うん。歯が折れたんだね。

それで、あのときは、きょう子さんが、「歯を食いしばりなさい。これから殴りますから」と言ってやっていたので、それは確かに、軍隊で見るような光景が一部あったかもしれません。そういうものを聞いた覚えはあります。

あと、彼の話は、少し大きくなるんですね。この本に、**「東京ドームなどの会場に出入りする際の車の中で、隣りに座った女性秘書の方に、顔が外から見えないように、5分くらい頭を押さえつけられた」**（一三ページ）と書いてありました。しかし、五分間といったら、かなりの走行距離になりますから、そんなに押さえることはないのに、どう見ても少し話が大きいですよね。

そのように、宏洋には誇大になるところがあるし、学生時代にも、何か、そうした虐待話のようなものをして、盛り上げたりしていたのではないですか。マゾッ気があるので、おそらくそうかなと思います。

総裁が怒鳴《どな》ったり、暴言を吐いたりすることはない

大川隆法　私は、基本的には、前の家内にも今の家内にもそうですが、女性に手を振り上げることはありません。それから、子供たちを殴ったりしたこともないと思います。

この本に、何か、**「弟の真輝がまだ2歳で、4歳だった咲也加の髪の毛をぶちぶち抜いて遊んでいて、咲也加が『止めて止めて』と泣いたとき、『真輝、止めなさい!』と大きな声を出して怒りました」**（一〇四～一〇五ページ）と書かれていますが、記憶になかったので、そんなことがあったのかどうか、忘れましたけれども。

大川咲也加　それも、昔から、宏洋さんがよく言っているネタです。私としてはまったく記憶にない話なのですが、仮にあったとしても、「やめなさい」と言われたぐらいではないで

しょうか。総裁先生は、本当に、怒鳴《どな》られたりすることはないですし……。

大川隆法　ないですね。

大川咲也加　暴言を吐かれたりするようなことも絶対にないので、この本にあるように、「**バカ波動《はどう》を出すな！**」（六五ページ）というようなことを、子供に対して言われるということは、私には考えられません。まあ、きょう子さんならあるかもしれないんですけれども。

孫がリビングで遊び回っていても寛容に見守っている大川隆法総裁

大川直樹　咲也加さんと私については、今現在は、大悟館《たいごかん》に間借りさせていただいているといいますか、一部のスペースを使わせていただいて生活しています。

大川隆法　隆一《りゅういち》君もいるしね。

大川直樹　はい。私たちは、今、もう少しで二歳になる子供がいて、三人家族なのですが、総裁先生や紫央さんと一緒に食事を取ることも多いです。そのとき、総裁先生が食事のあとに仕事をされたり、本を読まれたりしているなか、息子《むすこ》はけっこう遊び回っています。

例えば、総裁先生が仕事の確認のため、資料を読み込まれている隣で、テレビで「アンパンマン」を観せてもらっていたりしています。けっこう騒ぐときもあるのですが、温かく見守ってくださっており、本当によくしていただいているなと思います。

ですから、宏洋氏が、彼の本の帯に書いてある「バカ波動を出すな！」というような発言を総裁先生がされたかのように言っていますけれども、私としては現在、そういったことを見聞きしたことはまったくありませんし、寛容に見守っていただいています。

大川隆法　もしかしたら、逆で、宏洋が中学受験をするようなときに、下の子供が騒いでいて、母親が怒ったり、「バカ波動を出すな！」と言うようなことはあるかもしれませんけれども、私が言ったことはないと思います。

また、直樹さん夫婦は、今、見ていると思いますが、私は同時に複数のことができるタイプなので、「アンパンマン」を観ながらでも勉強ができるタイプなのです。

昔から、これは、複数できるんですね。目と耳と口が別に動くので、全然気になりません。何がかかっていようが気にならないので、このあたりは、少し感性が違うのでしょう。彼などは、何か邪魔が入るとカッとくるタイプ、キーキー言うタイプなのかもしれません。

咲也加さんの本（『娘から見た大川隆法』〔大川咲也加著、幸福の科学出版刊〕）に**「二十年以上たった今も、食事後のリビングで見ることのできる、父の変わらない姿です」**（一四ページ）と書いていますが、まあ、変わっていないと思います。基本的には一緒だと思います。

『娘から見た大川隆法』

「バカ波動を出すな！」と言っていたのは総裁ではなく、前の母親だった

大川咲也加　「バカ波動を出すな！」と、総裁先生が怒鳴っているのを見たことのある方はいますか。

喜島克明　私は、宏洋氏が小学校の三年、四年、五年、六年のときの四年間ぐらいに少しかかわったんですけれども、「バカ波動」という言葉は、前の母親のほうが使われていたことはありました。

それは、どちらかというと、子供が騒いでいて総裁先生のお仕事の邪魔にならないようにと、前の母親が「バカ波動を出すな！」と叱っていたこともあったかのように記憶しております。

総裁先生が「バカ波動を出すな！」というようなことをおっしゃったことは一回もありませんし、「お子様に手を上げられる」というようなことも一度もありませんでした。

大川隆法　アニメ映画の「バケモノの子」のように、「自分は、どこかで何か、目茶苦茶に鍛えられて、スーパー能力を身につけた」といったものをつくりたいところがあるのかもしれませんけれどもね。

当会のなかでも、「父親は何もできないけれども、自分は一人、滝行《たきぎょう》をして超能力を持っている。そして、その能力を利用して、宗教をやっている」というような映画をつくられたことがあります。

内部で異端のものをつくられるのは、実は心外な部分があるのですが、宏洋を怒らせないためには、黙ってそのままつくらせるしかなかったところはあります。口を出し始めたら、すぐにむくれるので、何か勘違いしているのかもしれませんね。

まあ、学校等では、からかわれたことがあるのかもしれません。「バケモノの子」とか、外国で言えば「フリーク」といわれるものでしょう。おそらく、そんなことを言われたことがあるのだと思います。ただ、対応は子供によっても、ずいぶん違います。そのようにやられたことがあるのは、宏洋と裕太ぐらいなのではないですか。

大川裕太　まあ……（苦笑）。

大川隆法　それは、でも、やはり、性格に問題があることはあったのではないですか。

大川裕太　そうですね。やんちゃで下品で、節制が利かないというか、心のコントロールができないというところはあったと思います。

秘書が目撃した、宏洋氏の中学生のときの「悪霊《あくれい》現象」

鶴川晃久　「体罰の件で、私にも責任が若干あるかな」というところを少しお話ししておこうと思います。

宏洋氏が中学に入り、浅野さんが主担当で、私が副で就きました。受験のあと、彼は霊的に不安定だったので、映画「エクソシスト　トゥルー・ストーリー」が参考になるだろうということで、教学の時間に観たんです。

私が「一人で観なよ」と言ったら、「ちょっと怖いから、一緒についてください」と言われたので、私も一緒に観ました。すると、クライマックスのあたりから、宏洋さんの顔が真っ青になり、いきなり机の上にダダダッと乗っかり、「ギャー！　ギャー！　ギャー！　ギャー！」と、ヒットラーの演説のような感じでわめき始めたのです。そのように、完全に悪魔が浮き出てきたところがありました。

私はそういうものが初体験だったんですが、浅野さんが、「おまえは誰だ。悪魔よ、名前を名乗れ」と言って、一時間ぐらい格闘したことがありました。

まだ中学一年生の子供なんですけれども、ああいうときはものすごいパワーが出るんですよね。人間とは思えないようなパワーが出てきたので、私はやむをえず、宏洋氏を羽交《はが》い締《じ》めにして、柔道の体落《たいおとし》をして倒し、袈裟固《けさがため》のような感じで動きを止めながら、そのときに、浅野さんが、「おまえは誰なんだ。宏洋君に言っているんじゃない。宏洋君に憑《つ》いているものよ、名乗りなさい」と言って、さらに、二人で『正心法語《しょうしんほうご》』を読んだり、「エル・カンターレ ファイト」をやったりしました。

そして、一時間ぐらいしたとき、最後に「ギャー！」という、すごい叫び声を上げて、そのあと、パタッと元に戻ったんですね。

あのとき、柔道技をかけたところで、少し体罰があったと取られたかもしれないなと、今、二人で話していたんです（苦笑）。

大川隆法　そうですか。それで、宏洋はまねをして、コブラツイストのようなものを弟たちにかけたような気がするのですが。

鶴川晃久　それは少し私の影響かもしれません。

●『正心法語』　幸福の科学の根本経典『仏説・正心法語』のこと。全編が仏陀意識から降ろされた言魂《ことだま》で綴《つづ》られている。

●エル・カンターレ ファイト　幸福の科学における悪魔祓《ばら》いの修法のこと。

大川隆法　誰かやられていませんか。真輝か裕太か。

大川裕太　宏洋氏から回し蹴りはよくされましたね。

大川隆法　あなたは、ハンガーで肛門攻めをされたようですね。

大川裕太　そうですね。はい。

総裁の発言とする言葉は、宏洋氏が言いそうな言葉遣いばかり

大川紫央　話は変わりますが、「隆法がこう言った」と書いているところは、基本的に宏洋さんなら言いそうな言葉遣いばかりで、先生は言いません。

例えば、一五二ページに、「**神に盾突くとはなにごとか！**」とありますが、こういうことは、先生はおっしゃりません。「**お前、明日から給料ゼロな。だけど、30日フルに出勤して**

働けよ」（四六ページ）という言葉もありますけど、そんなことを言うわけはないですよね。

また、**「幹部の○○ってヤツが使えないんだけど」**（一三九ページ）とか言っていたようなことを書いているんですけれども、だいたい、先生はそんな言葉遣いはされません。

大川隆法　そうですね。暴力団みたいだなあ。

大川紫央　宏洋さんなら言うと思いますが。

基本的には、「総裁先生なら言わないだろう」という言葉がたくさん出てきています。お金とか、世間が好きそうなことを匂わせながら、「そういう人なんだ」というイメージづくりを、文春さんと一緒にやりたいんだろうと思います。

大川隆法　建築現場かどこかで、そんなことを言っている人がいたりするのではないですかね。

大川紫央　先生は、こういうことは言わないですね。

大川隆法　建設会社から戻ってきたとき、工事現場の工事長の守護霊が、彼に憑いていましたからね。「基本なくして応用なし」とよく言っているので、おかしいなと思ったら、向こうから連れてきた者がいたわけです。

いざというときに直前で逃げる傾向がある

大川隆法　あと、体罰ではないけれども、ほかにあったとしたら、村田さんによる検事のような取り調べがあったかもしれない（笑）。

村田堅信　いえいえいえ。そういうイメージを持たれているかもしれませんけれども、実際には、そんなことはございません。

小学六年生のときにアダルトビデオの上映会をしていた件については、記憶が不確かなんですけれども、受験の直前で……。本番は二月からですけれども、その前の一月二十日ぐらい、受験本番の一週間ぐらい前にそんなことをしていたので、スタッフが注意しました。

「ストレスに耐えかねて」ということでしょうか。そんなかたちで、結局、大人になっても、女性に走ったりするなど、いろいろなことをやっているわけです。

大川隆法　直前で逃げるのね。

村田堅信　はい。「その最初のところが、そういうあたりに出ていたのかな」というようなことを感じました。

大川隆法　白金《しろかね》小の近くのマンションを借りていたところに入り、そこで上映会をし、友達と観ていたんでしょう？

村田堅信　はい。ただ、私が踏み込んだのではなくて……。

大川隆法　踏み込んだのは、ほかの人だった？

村田堅信　ええ。あとで、そういうことを聞きました。

大川隆法　あとで聞いたのですか？

村田堅信　はい。

大川隆法　それは受験の前だったかなあ、そういえば。

村田堅信　はい。

大川隆法　うーん。まあ、落ちるでしょうね。それを、私はもう忘れていましたけれども、それを聞くと、落ちるだろうなとは思いましたね。麻布《あざぶ》を落ちても当然だなと思います。なかへ入ってから遊ぶ人もいるとは思いますが、入る前に遊んでいて受かるほど、やわな学校ではないでしょう。ちゃんと因果応報《いんがおうほう》が起きているだけのことではないでしょうか。

胚芽米《はいがまい》は〝虐待〟ではなく実母の愛情

喜島克明　この本にはお食事について、六六ページに「（胚芽米《はいがまい》が）**全然おいしくなくて非常に苦痛でした**」というようなことを書いてありますけれども。

大川咲也加　胚芽米は……（笑）。きょう子さんが、一時期、健康食にはまってしまったときがあって。ニンジン・リンゴジュースとか、胚芽米と白米を混ぜるとか、そういうのが体にいいみたいなことをどこからか仕入れてきて、毎日、それを実践していた時期があるんです。それを子供たちも一緒に食べなさいということになって、結局、胚芽米を毎日食べる時期があったんですけど、「それが嫌だった」っていうことですよね。

でも、きょう子さんとしては、健康にいいから食べなさいと言っていただけなので、別に、虐待のように言われる筋合《すじあ》いはないでしょう。

あと、宏洋さんがたまに「虫を食べさせられた」とか「蜂の子の佃煮《つくだに》を食べさせられた」とか言うんですけど。それも、きょう子さんが健康食品の一環として買ってこられて、「おいしいから食べなさい」「体にいいから食べなさい」っていうことだったんです（笑）。けれども、宏洋さんは、気持ち悪いものを食べさせられたということで〝虐待〟のように言っていたりもしますが、でも、それは全部、健康のためによかれと思って母親がやっていたことなのです。

別に、総裁先生も食べたくて胚芽米を食べていたわけではないかもしれないので、みんな同じ環境で、母の趣味のもと、やっていたわけです。

武田亮　ただ、料理専門のスタッフに確認したところ、そういった趣旨ではありましたが、「先生と同じものを出すのは、お子さんたちがかわいそうだから」ということで、胚芽米のほかには、先生のメニューとは別に子供たちが好きなものを、毎回出していたと聞きました。

他の子供から見た秘書の印象は「とても優しく、母のような存在」

喜島克明　さらに、宏洋氏は、七〇ページに**「教育担当の秘書は、生活全般を監視する係」**と書いているんですけども、「お世話」という言葉のほうが当たっているかと思います。坂本美好さんは、お世話役の女性秘書として長くされていたと思うのですが、どういうかたちでしていらしたんでしょうか。

坂本美好　ご両親が仕事をされているご家庭だったら、普通にお手伝いさんを雇われることもあると思うので、そのような感じで、ご両親の代わりにお世話をさせていただいていましたね。なので、監視をしているという感覚はなかったです。

喜島克明　まあ、勉強から逃げ回るので、追いかけていって「勉強しなさい」という役割も、もちろん、やっていたでしょうが、それは監視のためではなく、お世話のため、教育のためということですよね。

坂本美好　そうですね。その子自身に必要なことであれば、叱るときは叱りますし、伝えることがあれば伝えて、遊ぶときは一緒に遊んで。ベビーシッターとか、ナニーとか。世間一般でいうそういう感じで。まあ、親代わりですよね。

ここはやっぱり、ご両親のお仕事を止めないためにも、必要な部分だったんだろうなと思います。

大川真輝　私も少し、いいですか。私は、坂本さんにずっとご担当いただいて、育てられたような感じです。何年ぐらいですかね。

坂本美好　小学校の途中から高学年ぐらいまでと、一時期、少しまたいで中学校ごろまでです。高校生のころはもう担当を離れていましたが、途中途中で、お話ししに行ったりはしましたね。

大川真輝　はい。私の印象では、まったく虐待とか、監視とか、そういう感じではなくて。私は叱られた記憶もあまりなくて、すごく優しくしてくださった印象が強くあります。細かいところまで面倒を見ていただいて、正直に言うと、当時の私たちにとっては母親のような存在だったのです。

秘書は悪いことをすると愛情を持ってきちんと叱ってくれた

大川咲也加　今いるなかでは、宏洋さんの幼少時にいちばん近かったのは私かなと思うので、お話しさせていただきたいことがあります。

私は、黒田由紀さんに二歳から十歳ぐらいまでの八年間程度、ずっとお世話になっていました。宏洋さんは、**「子どもたちが粗相をするたび**（担当が）**コロコロ異動になるので、あまり記憶に残っている人はいません」**（七〇ページ）と書いているのですが、それは宏洋さんが、「こいつは嫌だ」とか「こいつ要らねえ」とか、そういうことをけっこう母親に告げ口して「合わない」とずっと主張していたので、替わっていくという感じだったのです。

私とか真輝さんは、長いことお世話になった方がいまして、けっこう一人の方に長く見ていただいていました。そういったこともあり、本当に母親に近いような思い入れを持たせていただいています。むしろ、実母のきょう子さんよりも一緒にいた時間が長かった方もいるので、本当に、育ての親のような方が何人もいらっしゃるなという感じです。

それで、昔の養育係のおねえさんが虐待をしていたのかということですが、決してそんなことはなく、ただ、「悪いものは悪い」と、しっかりと愛情を持って言ってくださる方が多かったのです。

例えば、宏洋さんが悪いことをしたときに、ちゃんと「ごめんなさい」と言えるまで、「何が悪かったのか」「あなたは悪いことをしたのを分かるか」ということを問いただしたり、そういったことはあったと思うんですよね。

私の場合であれば、「人によって態度を変えるな」ということを、けっこう叱られたことがあります。それは、四、五歳のころです。担当のおねえさんがお休みの日に、別の若い方が見てくださることがあったのですが、「新しく来たおねえさんなら優しいだろう」と思って少しわがままな態度を取ってしまったら、翌日、長年いらっしゃるおねえさんから、「昨日、私が休みだったとき、ほかのおねえさんに何か失礼な態度を取っていたらしいね。そうやって、人によって、『この人はなめてもいいだろう』みたいに大人をからかうのはやめなさい」というのを、すごく叱られたことがありました。

それは、本当にそのとおりだったなと思います。若くて新しい方でも一生懸命やってくださっていたのに、「何も分からないだろうから、ちょっとぐらい勉強サボってもいいだろう」とか、「担当のおねえさんにバレないだろう」と思ってやっていたら、叱られたことはありました。

でも、やっぱり、愛していないと叱れないと思うのです。私が将来、人によって態度を変えるような人になってはいけないっていう思いで叱ってくださったと思っていますし、そういった方の厳しくも優しい愛情があったからこそ、今日まで成長できたと思っています。

本当にありがたい存在でしたし、今でも、大事に思わせていただいているみなさんでありま す。

武田亮　彼をお世話する女性秘書は大変だったんですよね。彼は落ち着きがないし、言うことをまったくきかないし、放っておくと遊び続けるので。なだめすかして、静かにさせるとか、勉強させるとか、とても苦労していたというのが実際なのです。

彼は今、どうにかして当会を〝カルト〟や〝反社会的組織〟だと印象づけようとしています。そのために、普通の家庭でよくある幼少時のお遊びを「虐待」と極端に誇張したり、ないこともあるように嘘をついています。本来、真偽をチェックすべき文藝春秋も同じことを考えているので、無責任に垂れ流し状態です。

ですから、本当に許せないし、彼に愛情を持って接していた人たちに対して失礼です。また、「そんな教団ではないはずだ」と思っている幸福の科学の信者の方々をも傷つけてしまうので、全力で否定したいと思っています。

叩かれて喜ぶ性質

竹内由羽　大人になった宏洋さんから、そのおねえさんがたとのお話を聞いたことはあるのですが、それは、いわゆる「虐待をされた」という話ではありませんでした。しかも、そんなに〝虐待〟を心の傷のように思っているのであれば、できないようなことをしているんです。

例えば、三国志の舞台「俺と劉備《りゅうび》様と関羽《かんう》兄貴と」のときに、彼が最初に書いていたシナリオでは確か、当時付き合っていた彼女が演ずる趙雲《ちょううん》から、宏洋氏演じる張飛《ちょうひ》が、お尻をSMみたいに叩かれるシーンをすごく入れていて。そこは最後まで本人がシナリオから抜くのをとっても嫌がって、「百花《ももか》様に叩かれたい」みたいなことをずっと言っていました。

喜島克明　いわゆるドMというやつでしょうか。

大川咲也加　私も、小さいときに見たことがあります。やられて喜ぶみたいな。

竹内由羽　そうですね。子供のときからきっとそうだったんだろうなっていう様子は、大人になって私は見ています。

喜島克明　はい。ありがとうございます。

2 「家族の触れ合い」「温かい愛情」について

「親に甘えるという感覚が分からない」など、どうして言えるのか

喜島克明　七一ページに「**家族旅行はオフィシャルな行事**」という小見出しがあります。ここで宏洋《ひろし》氏は、「(親と)**直接触れ合った記憶がない**」と書いています。私も、宏洋氏が小学校三、四、五、六年生のころは、ご家庭周りだけでなく家族旅行等もご一緒させていただきましたが、お父様である総裁先生は、いつもお子様がたに対して非常に愛情を注がれていました。

さらに、「**親に甘えるという感覚が、いまだに私はわかりません**」とか、親の前では「(パパではなく)**先生と呼びなさい**」と総裁先生が言っていたなどと書いてあります。このようなことは実際にあったのか、また、お子様がたと、父親である大川隆法総裁先生との触れ合いについて、よろしければ、咲也加さんから実際のところをお伺いできればと思います。

大川咲也加　はい。一部は『娘から見た大川隆法』にも書かせていただいたことなのですが、宏洋さんは大川家にとっても初めての子供だったので、両親からの愛情をいちばん受けて育っていると思います。

というのも、子供の数が増えていくにつれて、秘書の方、養育係の方は増えていったのですけれども、宏洋さんお一人のころはまだ、そんなに大人数の秘書でかかりっきりということはなく、実母であるきょう子《こ》さんも、できるだけ宏洋さんの面倒を見ようと努力していたと伺っています。

また、幼児のころは、先生ときょう子さんと宏洋さんで川の字になって寝ていたと聞いています。あるとき、きょう子さんの寝相が悪くて、宏洋さんをベッドの外に落としてしまって、鎖骨にひびが入ったというお話も伺いました。

私の記憶のある範囲で言わせていただくと、宏洋さんと私は、ディズニーランド等にもけっこう連れていってもらいました。仕事がある場合は、途中からの合流ではありましたが、総裁先生ときょう子さんも来てくださって、一緒にアトラクションに乗った思い出もありますし、写真も残っております。

当時、私がいちばんうらやましいと言っていたのは、宏洋さんがオーストラリアへの海外旅行に、先生と実母と三人で行かれたことだったそうです。「宏洋さんより下は、ちょっと海外に行くのは難しいだろう」という判断のもと、私と真輝さんは行けず、宏洋さんのみが、両親と一緒にオーストラリアの視察旅行に行きました。

宏洋さんは、帰ってきて大はしゃぎしながら、「コアラと写真を撮ったよ！」とか、「ウォンバットを見た」とか、すごく生き生きと話していました。その後もしばらくオーストラリアにハマっていて、楽しそうに思い出しては喜んでいたのを覚えています。また、そのせいで、帰ってきてから勉強がはかどらなかったということも伺っています。

ですから、私から見てもむしろ、宏洋さんのみで両親と一緒に行けた海外旅行もございますし、お兄ちゃんなので、やはり、一緒にいた時間はいちばん長かったのです。

それで、七一ページにあるように**「直接触れ合った記憶がない」**とか、**「一般的な父親や母親に対する感情というのが、皆無《かいむ》」**と言うなら、それはもう、宏洋さんの人格の問題ではないでしょうか（笑）。**「その辺にいる男の人や女の人」**が両親と同じというのは、ちょっと異常な感覚だと言わざるをえません。

総裁を「先生と呼びなさい」というのはまったくの嘘《うそ》

喜島克明　総裁先生が「先生と呼びなさい」（七一ページ）とお子様がたにおっしゃったと書いてありますが、そういったことはございましたか。

大川咲也加　それはないですね。総裁先生がご自分で「先生と呼びなさい」とおっしゃることはまずないですし、私たちはみんな、「パパ」と呼んでいました。

先生もご自身のことを「パパ」と呼んでいて（笑）、「パパはね」とか「パパは今、こういう仕事をしていて」というふうにお話をしてくださっていましたし、宏洋さんも高校生ぐらいまでは「パパ」と呼んでいました。

「先生」と呼ぶようになったのは、学生時代も含め、幸福の科学のお仕事を手伝うようになったときです。もし、これに近いことがあったとしたら、スタッフの方に、「仕事の関係ではパパって呼ばないで先生と呼んだほうがいいんだよ」というように教わった可能性はありますけれども、総裁先生から「先生と呼びなさい」と言われることはありませんでした。

竹内久顕　宏洋氏が仕事を始めた当時は、私が彼の担当をしていたのですが、基本的に、こちらから「先生と呼びなさい」と言ったことはないです。彼はよく、「先生、先生」と自分から言っていました。当時はけっこう、総裁先生のことを尊敬していて、その意味も込めて総裁先生のことを「先生」と言っていた印象を受けました。

それに、私や、映画製作にかかわるスタッフに対して、「みなさん、もっと信仰心を深めてください」とよく言っていました。監督や、当時一緒に映画をつくっていた人たちにも言っていたので、そういうスタンスだったようです。

大川真輝　「先生と呼びなさい」と言われた記憶は、私もありません。私は、誰かに言われたわけでなく、自分から「先生」と呼び方を変えたときの記憶があります。

三度の食事など、親子の触れ合いは一般の家庭以上にあった

喜島克明　続いて、ごきょうだいの仲と、総裁先生との親子の親愛の情の交流というあたり

について、宏洋氏の本では仲が悪かったように書かれていますが、実際、どうだったのかについてお伺いできればと思います。

大川咲也加　そうですね。総裁先生は、もちろん幸福の科学という大きな組織のトップでもありますし、信仰の対象であるので、尊敬すべきご存在なのですが、ご自身は本当にフランクに、気さくに話しかけてくださるので、私たちも家庭においては、カチカチに緊張したりすることもなく、小さいころは、普通に「パパ」と言って走り回ったり、一緒にテレビを観たりしていました。

ですので、宏洋さんが言うように、リビングで私語をすると叱られるといった状況ではありませんでした。唯一あるのは、先生がご飯のあとの団欒《だんらん》で本を読まれているときに、あまりにもうるさいと本が読めないので、「ちょっと静かにしてね」と言われることがあったぐらいです。

本当に、毎日、先生が朝も昼も夕食も、顔を合わせて一緒にご飯を食べていたので、私たちとしては、普通の父親よりも接触時間は長かったのではないかなという気がします。

なぜかというと、普通のお父様は、会社から帰ってくると、すでにお子さんが寝ているというお話も伺いますし、一日に五分ぐらいしか子供が起きている姿を見られないというお父様もいらっしゃると伺っています。そういった意味で、私たちは、毎日三時間はお父さんと触れ合えたというのは、決して少ない時間だったとは言えません。

また、きょうだい仲も、私としてはよかったと思っています。今、仕事を始めるに当たって、毎日会うような関係ではありませんけれども、昔から、集まるとけっこうみんなではしゃぐというか、楽しむ関係でした。

剣道、テニス、家族団欒――「触れ合いがなかった」という発言と事実は真逆

大川裕太　昔は、昼ご飯と夜ご飯がありますと、最初の三十分はリビングでご飯を食べ、残りの三十分は子供たちはボール遊びをしたり、車のおもちゃみたいなものでヨチヨチ歩いて遊んだりしていました。その間、総裁先生と実母のきょう子氏は、二人で歩きながら、子供たちが遊ぶのを見ていらっしゃいました。

養育係のおにいさん、おねえさんがたといった職員のみなさまも、子供たちと一緒に遊びましたし、あるいは、総裁先生が剣道をされていたということもあって、竹刀《しない》なども用意さ

れていて、たまに剣道の練習をするのも見てくださいました。

それから、テニスを一緒にさせていただくこともありました。総裁先生や実母が一緒に遊んだりしながら子供たちもテニスをするということはあったかなと思います。

家にいる時間は、子供と触れ合う遊びの時間をそうとう取っていただいていたなというのが、私の感想です。

喜島克明　平日もお食事を一緒に取られ、団欒にも非常に気遣っていらっしゃいました。お父さんがサラリーマンをしておられる家庭のご家族以上に、触れ合いの時間も心の交流の時間も多かったというのは、客観的に私ども秘書から見ても事実です。
ですので、宏洋さんの言っていることは本当に悪《あ》しき印象操作であり、親との触れ合いが少なかったというのは、事実とまったく逆です。

両親からのプレゼントが「勉強グッズばっかりだった」とする嘘

喜島克明　そのほかにも、生活周りの行事について、宏洋さんは、何のためにやったのかよく分からなかったみたいなことも書いています。

七四ページには、クリスマスプレゼントのことも書いています。**「両親からのプレゼントは、参考書や漫画の日本の歴史本」**などの勉強グッズばっかりだったとしていますが、そのあたりはどうでしょう。けっこう、おもちゃなども、もらっていたように思うのですが。

大川真輝　参考までに、私が小学校二年生ぐらいの誕生日のプレゼントで覚えているのは、そのころ、野球がすごく好きになっていた時期でしたので、プロ野球の選手名鑑とか、グローブなどをもらいました。なので、小学校のころ、一般の家庭と同じように、欲しいものを頂いていた記憶があります。

大川裕太　例えば、野球盤みたいなゲームのようなものをもらって、きょうだいで遊んでいたこともありました。

大川咲也加　私は、洋服などをプレゼントで買っていただくことが多かったです。また、宏洋さんも高校生ぐらいになると、服のプレゼントも、もらっていました。

ですので、決して勉強道具だけをもらっていたわけではありませんし、むしろ、宏洋さんに参考書なんてプレゼントしないんじゃないかなって、個人的に思ってしまうんですけれども（笑）。

小学校のころは四谷《よつや》大塚《おおつか》という塾に通っていて、テキストは決まっていましたので、それ以上の参考書を買うということはありませんでしたし、中高時代に至っては宏洋さんが勉強が嫌いなのは分かっていたので、あえて参考書をあげることはなかったでしょう。

転法輪蘭　私からも言わせていただくと、私たち秘書がしていたのは、最初に、だいたい子供たちがどういうものを欲しがっているかっていうのをリサーチして、「欲しい」と言っていた物を買っていました。

子供が夜遅くに塾から帰るのを総裁は必ず待たれていた

喜島克明　女性秘書から見てのご家族の仲、特に宏洋さんとご両親の仲、お父様である大川隆法総裁先生との仲は、いかがでしたでしょうか。

転法輪蘭　私は確か、宏洋さんが四年生ぐらいのときに宗務《しゅうむ》本部に来させていただいたのですが、塾がない日は、ご両親と一緒に夕食を食べていたようです。塾が遅い日は、お弁当か何かを持っていかれていたんじゃないでしょうか。

大川咲也加　確か私のときも、夜、お弁当を持っていって、帰りが遅くなってしまうので夜食をご用意いただき、うどんなどを食べていました。夜食の時間が十時半ぐらいなのですが、その時間に先生が、「今日はどうだった？」と話しかけてくださることが多かったです。

それはたぶん、きょうだい満遍《まんべん》なくされていると思います。宏洋さんのほうが嫌がらないかぎりはされていたはずです。

大川裕太　私も、塾から帰ってきたあとの夜ご飯は、必ず先生のところで食べていました。先生と実母・きょう子氏のスペースで食べていると、先生はテレビを観たり本を読んだりしながら、「塾はどうだった？」という感じでお話ししてくださいましたね。総裁先生は、必ず一緒にご飯を食べてくださいました。

●宗務本部　幸福の科学の総裁周りの仕事をするセクション。男性スタッフも女性スタッフも、秘書機能を持ちつつ、本質的には霊域の結界《けっかい》を護る巫女《みこ》的な役割を担っている。

宏洋氏は誰よりも総裁に甘えていた

村田堅信　今のお話に追加で、少し遡《さかのぼ》るのですが、小さいころ、先生とみなさんが一緒に遊園地とか、どこかの観光地とかに行かれる際、私も一緒に行かせていただいた経験があるのですが、やっぱり、先生は人気者なんですよ（笑）。

みなさん、やっぱりパパが大好きで、例えば遊園地で「パパと一緒にこの乗り物に乗れた！」といったらもう、それだけで大はしゃぎされるんですよね。逆に、乗れなかったお子さんのほうは、「なんで、僕は、私は乗れないの？」という感じのことになるんです。そういう意味で、みなさん等しく、パパを慕っていらっしゃいました。

先生のほうはどうかといえば、みなさんがおっしゃるとおり、お子様お一人おひとりの個性に応じて見ておられるようでした。すべてのお子様に目配りをされていて、そこでもやはり、どちらかというと問題になりがちなのは、いちばん上の宏洋氏でしたので、どうしてもそちらに気を取られてしまうといった動き方をされていたのです。

先ほどの咲也加さんが話されたオーストラリア視察旅行の話で思い出したんですけれども、

帰って来られたときに、私は成田空港にお迎えに行ったんですね。エスカレーターで下りている最中に、総裁先生が宏洋氏に対して、「宏洋、これで一つ大人になったな」というようなことをおっしゃると、宏洋氏が「うん」と誇らしげにうなずいていたのを思い出しました。総裁先生は、そんなかたちでお子様がたを見ていらっしゃったということです。

大川咲也加　あとは、私の記憶のなかにおいても、こんなことがありました。東京ディズニーランドにウエスタンリバー鉄道というアトラクションがあって、それに家族みんなで乗るのを、ディズニーに行った際のいつもの恒例行事にしていました。そこで、「パパの隣に誰が座るか」というのがけっこう争奪戦になるというか（笑）。

末っ子の愛理沙《ありさ》さんもいる場合は、だいたい、いちばん下の子が近くに座るんですけれども、小さいころは、男の子たちが争って先生の近くに座ろうとする感じはありました。

喜島克明　まあ、特に宏洋さんは優遇《ゆうぐう》されていましたよね。総裁先生と触れ合う機会がいちばん多かったし、誰よりも総裁先生に甘えていたのは宏洋さんで、いまだに甘え続けていると言えるのではないかと、傍《はた》から見ても感じております。

総裁はずっと、実母から宏洋をかばう立場だった

木村智重　今、話を聞いていて、私もちょっと思い出したことがあります。

私は、宏洋氏の五歳から十五歳までの間を見ていました。本に書いている、小さいときから**「一般的な父親や母親に対する感情というのが、皆無」「その辺にいる男の人や女の人」**（七一ページ）だとかいう箇所は、傍から見ていたので、完全にあとから嘘を一生懸命つくって書いているのが分かります。

宏洋氏が特におかしくなってきたのは、中学受験前後にきょう子さんがヒステリックにキイキイ言い始めたころです。このころから、目つきも悪くなってきました。

私は宏洋氏の中学受験の時期は宗務から離れていたのですが、中学受験が終わって戻ってきてから、きょう子氏と総裁先生との宏洋氏に関するやり取りを聞いたことがあります。ヒステリックで厳しかったきょう子さんに対して、総裁先生は「もう少し長い目で見てやりなさい」と言っておられました。また、「いろいろな人生行路があるんだから、さまざまな経験もするし、それが肥やしになっていくこともある。だから、第一志望とか御三家に受から

なかったからといって、ここでビシッと切るのではなくて、もっと、いいところを見て、長い目で見てやりなさい」ということを穏やかに話されていましたね。

宏洋氏は受験の失敗に対して総裁先生が厳しくおっしゃったような感じで書いていますが、そうではなくて、総裁先生はいつも、宏洋氏を護るほうの立場でした。それぞれのお子様のなかにある強みとか個性とか才能、あるいは長所をご覧になり、できるだけ短所はミニマイズして大目に見てやれという感じの指導をされていました。非常に大らかな目で、子供たち一人ひとりのよい部分を見ながらご指導されていたというのが、私の実感です。

「総裁が小学二年生を相手に本気でサーブを打つ」というのはまったくの捏造《ねつぞう》

大川裕太　話は変わりますが、七三ページに総裁先生とのテニスについて、「**小学校2年生の私を相手に、本気でサーブを打ちます**」と書いていますが、こんなことは絶対にありません。

大川隆法　ええ。本気でサーブしたことはありません。そんなことはありえません。

大川真輝　私も、小学生のとき、一緒にテニスをさせていただいていましたが、ちゃんとラリーをしていた記憶があります。先生は小学生に合わせて打ってくださっていました。

大川隆法　それでも取れないぐらい、彼はとろかったのかもしれません。加減してやったはずですが、それでも、イメージとしてはそんなふうに残っているんでしょうね。

あなたは小学生のときからテニスがうまかったからね。

大川真輝　ちゃんとラリーはさせていただいた記憶があります。

大川隆法　彼はあまりできなかったかもしれません。すごく不器用で、球を打とうとラケットを振っても当たらなかったのです。ですから、そういうところがあるのかもしれませんけれども（苦笑）。

岩本尚之　そのあたりについては、私が、元テニス要員として証言をさせていただきます。

東京にいたとき、総裁先生が東京ドーム等々での講演会に向けて体力づくりをするということで、かなり激しくテニスをされていました。あるとき、プロ・テニスプレーヤーのコーチをしていた方が来られて、練習をしたことがありました。

そのときに、先生はラリーをされたのですが、すごいんです。球が速くて、強くて、もう見えないぐらいのスピードで、コーチと先生がラリーを続けられたのです。ずーっと何十回もですね。

「それだけの実力をお持ちの方が、小二の男の子に本気でサーブを打つでしょうか?」ということがまずありますし、そもそも、お子さんがたとテニスをされているときに私も一緒に見ていましたが、非常に優しく練習をしてくださっていました。それを私はこの目で見ております。

私の記憶違いがないようにと思って、当時、一緒だった中村益巳《なかむらますみ》常務(現・幸福の科学精舎《しょうじゃ》活動推進局長)のところに行って、「ないですよね?」と記憶を訊《き》いたら、「ありえない。そういうことは絶対にない」と言っていました。

大川隆法 もし、あるとしたら、山でやるときは、コートが人工芝ではなく、ハードなものになっているので、硬式の球だったら、跳ね方が少し速かったかもしれません。そういうことぐらいはありえるかもしれないですけれども。

岩本尚之　それもありましたけれども、でも、子供とのテニスはレクリエーションに近いかたちだったので、そもそも本気で打たれるということはありえません。

大川隆法　打つわけがありません。

確かに、プロのテニスコーチと打ち合っても、六百回ぐらいラリーが続きました。そのくらいうまかったのです。

「向こうがボレーを上げて、私がスマッシュを打ち込み、それを向こうが拾ってまた上げてきたのを、もう一回スマッシュする」というスマッシュラリーでも百回ぐらい続くほどだったので、藤原栄次《ふじわらえいじ》さん（現・幸福の科学事務局総務部担当部長）が、「先生、プロになるつもりですか」と言っていたのを覚えています。

もちろん、そのつもりはなくて、東京ドームの、あの高い舞台セットから落ちたら困ると思い、万一、五メートルぐらいのところから落ちて、骨折、入院で終わりになってはいけないので、足腰を鍛えようと思ってやっていただけなのです。正月から、かなりやっていたときもありましたが（笑）。

あとは、コントロールがとてもよかったのです。テニスは、中学校でやったのと、大学で少しやっただけですけれども、コートの角に箱を置いたら、サーブをしてその箱のなかに球を入れられるというか、ポールを立てていたら、それに当てられるぐらいのコントロールのよさは持っていました。

ただ、「小さい子より自分のほうが強いぞと見せるために、必死でやる」というようなことは、たぶんなかろうと思いますけどね。

岩本尚之　ありませんでした。はい。

虫が大好きだったのは、宏洋氏のほう

大川裕太　テニスの話の前のページに載っているカブトムシのところについて、本では、「隆法は徳島の田舎の出身なので、虫が大好きです。秘書の方が夜の間に、木の枝にシーツ

を広げておきます。朝になって隆法が、シーツに張り付いているカブトムシやクワガタを見つけて、『おー、いたぞ！』と大喜びします。でもそれは、秘書の方が買ってきて張り付けていただけ。ウチの別荘があった場所には、カブトムシやクワガタが生息していなかったのです。たまたま私は、朝6時半くらいに散歩していたら張り付け現場に遭遇してしまい、真実を知りました。だからカブトムシやクワガタを見つけて喜ぶ隆法に、『よかったね』と優しく声をかけてあげました」（七二～七三ページ）と書いていますが、これは事実とは違います。

むしろ先生は、夏の間、子供たちを、特に宏洋さんを楽しませるために、こういうカブトムシやクワガタの基地をつくるのも容認されていました。標高が高いので、クワガタなら野生でいても、カブトムシがなかなかいなかったのですが、宏洋さんはカブトムシがいるとうれしいので、秘書の方が用意くださったりしていたのです。

大川隆法　虫のほうは、第一原因論というか、〝原罪〟は喜島さんです。基地をつくって、あとできょう子さんに「子供を遊ばせすぎて、勉強が全然できなくなった」と言われて怒られたのは、喜島さんです。この虫の発信は喜島さんですよね。ですから、説明してください。

酒井太守　掘っ立て小屋ではないけれども、何か勝手につくったりして……。

喜島克明　基地をつくりましたね。

大川隆法　もう腐ってしまいましたけど。

喜島克明　宏洋氏はとても虫が好きで。一緒に虫捕りをしましたが、別に勉強時間を削ってやったわけではなく、休みの時間にやったんですけれども、とても虫捕りを喜んでいました。

また、夜に白いシーツを張り、それにライトを当てておくと、カブトムシやクワガタなど、いろいろな虫が集まります。これは、理科の実験の一環としてやったことがあります。そして、翌朝、散歩のときに、たくさん虫がとまっているということがありました。

このように、昆虫観察の一環として、夏のシーズンにやったことがあります。

大川隆法　彼はカブトムシが好きでしたよね。

喜島克明　ええ、とても好きでした。

松田三喜男　私も、その虫好きのところは目撃しております。朝、捕まえたカブトムシやクワガタを小さい虫かごに一匹ずつ入れ、そのかごがリビングにある台の上に並びます。二十、三十の虫かごが並んでいくわけです。

　ある日の夜、私が餌の交換をしようと思ってリビングに行きましたところ、そこに宏洋氏がいて、非常にうれしそうな顔で、虫かごに入ったカブトムシやクワガタを眺めていたのです。

　要は、虫が好きだったのは宏洋氏だということです。私もはっきりと目撃しておりますので、証言させていただきます。

大川隆法　私について、七二ページに**「田舎の出身なので、虫が大好きです」**と書いていますが、田舎育ちだから虫なんか慣れていて、別に珍しくも何もありません。東京の人には珍しいけれども、田舎の子には別に珍しくなくて、朝、街灯の下など、どこにでも落ちているので、カブトムシなど、別に珍しくも何ともないのです。まあ、感じ取り方はいろいろとありましょうね。

あとは、早起きさせるためにやっていたということもあるかとは思います。虫でも捕りに行かないと、朝起きませんからね。

いい大人たちが、ご苦労なことをいっぱいやっていたわけですが、申し訳ないですね。虫寄せのライトを入れたり、シーツをかけたり、みな、いろいろとやって。**「秘書の方が買ってきて張り付けていただけ」**（七三ページ）と書いていましたけれども、さすがに朝は売っていないと思うんですが。定期的に出すために、途中からカブトムシの養殖を始めたのでしょう？

喜島克明　枯れ葉を積んでおくと、そのなかに勝手に入ってきますから、あとになって、そういったことはあったと聞いています。ただ、温度や天候によって、いないときもあるので。

大川隆法　いないと、がっかりしますからね。

福本光宏　そうですね。実は、敷地内の樹木の近くに枯れ葉や腐葉土をたくさん積んで、カブトムシが産卵や羽化しやすいような場所をつくってみたことがありました。また、その近くに虫を置いてみたりもしてみたのですが、温かい腐葉土のなかで、成虫になるものが出てきたりしました。

3　宏洋《ひろし》氏の数々の妄想と「曲がった考え方」を検証する

万引きゲームで捕まる

大川咲也加　お小遣いのところで言わせていただきたいことがあります。

中学生のとき、宏洋《ひろし》さんのお小遣いが月三千円で、そのあと、金額を上げていただいていたのですが、そのきっかけは、宏洋さんが万引きして捕まったことだったんです。当時、お小遣いをもらっていたし、お金も持ち合わせていたんですけれども、そのお金で買えるレベルのものを万引きしたのです。

私は実際、宏洋さんを引き取りに行った母が帰ってきて、ひどく取り乱しているのを見たことがあるんですが、かなりヒステリックになっていてすごく大変でした。当時の母が言っていたことで一つ覚えているのは、「警察の方に、『お父さんはすごく立派な方だから、あんまりプレッシャーをかけちゃいけない』って、私が怒られたのよ！　なんで私が怒られるのよ！」ということです。そのとき、警察の方は、「お父さんが立派な方なので」とおっしゃったのです。

「そのプレッシャーなのでしょう」「だから、プレッシャーをかけないであげてください」って言われたと聞いているので、やはり、社会的に見ても、「大川隆法という方は立派な方だ」と思われていたということです。そんな先生の息子《むすこ》であるからこそ、当時もやや甘く見てもらえたのかなということがございました。

その当時、先生もすごく悲しそうなお顔をされていたのを覚えています。「お小遣いが三千円で、もしかしてご飯を買うのがきつかったんじゃないか」「もし、足りないようだったら、お小遣いの額を上げてあげなさい」とおっしゃって。お小遣いの額を減らされてもいいようなところを、むしろ上げていただいたという、本当にお優しい寛大な処置だったなと思っています（お小遣い三千円は、学校の先生のほうから言われた方針だったそうです）。

実際には、ゲーム感覚で友達と万引きして、「バレないでいけるか」みたいなことを何回かやっていたんですよ。

高校時代に自立を目指したが……

・高校時代の自活の練習

喜島克明　次に、九四ページですが、宏洋氏は高校時代に「**毎月5万円渡されて、『寮の家賃と水道光熱費以外、これでやりくりしなさい』と言われました**」と言い、生活するのが大変だったみたいなことを言っているんですが。

武田亮　宏洋氏は、早稲田《わせだ》大学高等学院をやめて、青山学院高等部に再入学しました。そのあと、「自活の練習をする」ということで、僧房（出家修行者《しゅぎょうしゃ》が止住する宗教施設）に引っ越して生活をし始めたときの話です。

この五万円をもらっていたというところに関しては、確かに、生活を始めるときは、「まず五万円でやってみなさい」ということでスタートしています。ただ、その月のうちに宏洋氏のほうから、「これじゃあ足りない」と追加を請求してきて、それに対して、当時、前妻の方が必要分を渡していました。結果的にその月は、八万円以上渡しています。そして、二、三カ月後には、月十万円を宏洋氏には渡すことになりました。

ここでは、**「食費や交通費や服を買うお金など、全部込みです」**などと書いていますが、洋服代は、別途請求が来て、追加ですべて出しています。洋服代はシーズンごとに五万円ぐらい請求が来ていましたので、毎月平均して、新入社員並みのお金をもらい、家賃と水道光熱費の負担はゼロで生活していたことになります。

・「切り捨てられて放っておかれた」というのはまったくの嘘《うそ》

武田亮　また「自炊していた」というように書いてありますが、これも嘘《うそ》です。引っ越したときは高校生で、自炊できないというのは誰の目にも明らかでしたので、「お米は買いなさい。おかずは、こちらでつくってタッパーで届けるから、これを食べたらどうか」ということで、二、三日おきぐらいに宗務本部《しゅうむ》のスタッフがつくって、それを彼の部屋まで届けるということをずっと続けていました。

これで金銭的に厳しかったとは、彼はいったいどんな生活をしていたのでしょうか。少なくとも一般の感覚ではありません。

さらに言えば、掃除もできないので、前妻の方から「たまに秘書が掃除に行くように」と指示があり、掃除もしてあげていたのです。咲也加さんも訪問したことがあるそうです。

だから、これも〝切り捨てられて放っておかれて、自分はひどい環境のなかで高校生活を送った〟かのように印象操作していますけれども、結局、周りに頼って、あるいは、周りが心配していろいろと手助けをしていたのです。金銭面においても、それ以外の面においても、面倒を見てもらっていたというのが事実です。

登校についても、放っておくと、遅刻したり欠席するので、場所は離れていますが、スタッフが毎朝、彼の部屋へ起こしに行って、ちゃんと家を出るところまで見ていました。遅刻のときは、学校の近くまで車で送らされていたはずです。

松田三喜男　そのあたりのところを補足させていただきます。私は、宏洋氏が青山学院高等部のだいたい二年生から三年生にかかるころに、宗務本部で仕事をしていた時期がございました。

そのとき宏洋氏は、大悟館《たいごかん》から出て、これも一般の外部物件ではなく、幸福の科学の職員が使っている僧房に住んでいました。その建物のほかの部屋には、数多くの職員も止住しておりますけれども、そのなかの一室に彼は入っていました。

そこから高校に通っていたわけですが、彼はまったく朝起きず、遅刻をする。あまりにも出席日数が足りなくて留年になってしまうギリギリのラインまで行っているという事情もございまして、宏洋氏を朝、起こしに行く担当を付けていました。

朝、八時前には家を出ないと学校に間に合わないのですが、「とにかく宏洋氏が起きない」のです。起こしに行ったスタッフは、反抗的な態度を取られて、毎日、本当に大変な思いをしていました。

・一カ月もたたずに約束を破る宏洋氏

福本光宏　一人暮らしのころは、ちょうど私もおりました。少し話は戻りますが、その経緯等について補足します。

先ほどのように、彼は早稲田大学高等学院をやめて青山学院高等部という自由な校風の高校に入ったわけですけれども、服装が乱れたり、ちょうど頭を赤く染め出したときです。この件で、当時のお母さんと大喧嘩《おおげんか》になりました。

これがきっかけで、大悟館から出て僧房に移り住んだのですが、これは、総裁先生が「出ていきなさい」と言ったわけでも何でもありません。当時のお母さんが、先生と宏洋氏を呼び、私もそこに呼ばれました。

あまりにハチャメチャだったので、当時の母親から「普通の生活をいったんしなさい」と言われ、宏洋氏は「ああ、それでもいいですよ。僕は普通に生活します」と言ったのです。「それなら、家賃も電気代も要らないわけだから、普通の学生だったら五万円ぐらいで十分暮らせるでしょう」という話になりました。みんなの前で「ちゃんと、自分でやってみます。親に迷惑をかけません」と言って、本人は承諾したのです。

けれども、先ほど話があったように、実際は、一カ月もたたずに言うことを変えてきました。私がよく覚えているのは、「みんなとマクドナルドに行ったら水しか飲めないんだ」と主張していたことです。先生は親心がおありですから、「そんなに大変だったら」ということで、宏洋氏の要求を聞かれたのです。結局、生活態度、お金のところから、自分の学校生活まで含めて、ずっと周りに頼り切ったままでした。

大川裕太　ちなみに、僧房に移動した結果として、彼女をけっこう僧房に連れ込むようになりました。それで、ずいぶん〝有意義に〟僧房を使っていたようです。

本来、宗教者、男子の僧職者が止住すべき場所なんですけれども、私の目には、僧房を使って悠々自適の生活をしているようにも見えておりました。

数々の妄想や捏造

・ずっと秋田でほったらかしにされていたのか？

喜島克明　年代的には戻りますが、七七ページに、生まれは、母の実家の産婦人科医院で、「**秋田の祖父母に長い間預けられていた**」と書いています。この付近も親から見放されたとか、あまり愛情をかけられていなかったというようなことを言いたいのでしょうけれども、このあたりの事情を村田さんはご存じですか。

村田堅信　当時、講演会などの前に、ときどき、秋田の祖父母の家に行っては戻る、ということを繰り返していたことはあります。けれども、それでもって〝ずっとほったらかしにされていた〟ということではまったくありません。

喜島克明　そもそも、「長い間」ではありませんよね。妹の咲也加さんもご一緒だったようですが。

大川咲也加　はい。確かに、講演会の前後、一、二週間ぐらいは秋田に預けられることもありました。けれども、お仕事があるから、一時的におじいちゃん、おばあちゃんに面倒を見てもらうというのは、普通の家でもよくあることなのかなと思います。

私の記憶にあるのが、秋田の、当時の母の実家のほうで、テレビか何かで先生の御法話を観させてもらったときのことで、「パパが映ってるー！」とびっくりしながら観ていたのを覚えています。「やっぱりお仕事をするパパはかっこいいな」と私は思っていました。

また、宏洋さんはスキーに行かせてもらうなど、かなりいろいろと楽しませてもらっていたので、寂《さみ》しかったということはないはずです。

さらに、秋田にばかり入り浸っていたかのように書いているんですけれども、実際は、東京に秋田の祖母が来ることも多く、また、徳島の祖父母も宏洋さんと私に会いに来ることもありました。ですので、ずっと秋田にいて、秋田の子だったような言い方はどうなのでしょうか。覚えてもいないのによく言うなと感じています。

・「漫画やゲームはすべて禁止」という捏造《ねつぞう》

喜島克明　また、小さいころは「**漫画やゲームはすべて禁止**」（八一ページ）と彼は書いている一方で、小学校四年生のころにはすでに、ちょっとエッチな漫画を回し読みしていたなど、矛盾するようなことを自分で言っています。

実際に漫画やゲームはすべて禁止ということはありましたか。

大川真輝　まず、横山光輝《よこやまみつてる》の『三国志』という全六十巻の漫画がすごく子供たちに愛読されていて、宏洋氏も小さいころから何十回も読んでいたはずです。そのときの記憶もあって、三国志の劇をつくっているはずです。少なくとも、横山光輝さんの『三国志』、さらに『項《こう》羽《う》と劉邦《りゅうほう》』もあったので、そのあたりの漫画は間違いなく読んでいます。また、日本史・世界史系の偉人伝の漫画もあったので、そのあたりはしっかり読ませていただいていました。

また、宏洋氏がいなかった時期かもしれないですけれども、もう少し年齢が上がってからは、ポケモンとか『ドラえもん』などの漫画もありました。

大川裕太　また、ゲームについては禁止されていたわけではありません。宏洋さんや真輝さんは、ご自身でゲームをけっこう持っていました。

大川真輝　私はきょう子さんから「鶴亀算《つるかめ》ができたらポケモンの青版をあげる」など、勉強のご褒美みたいな感じでゲームの時間が多少与えられるということはあったので、全面禁止だったわけではないですね。

大川咲也加　漫画の記憶なんですが、私は、「りぼん」という少女漫画の雑誌を定期購読していました。七歳前後のころです。だから、禁止されていたということはありません。

それに、**「3歳からは、（中略）朝8時から夜8時まで、家でずっと勉強していました」「『太陽の法』などを、小学校へ上がる前には一通り読んでいました」**（七八ページ）と書いていますが、そんなわけはありません（笑）。当時の宏洋さんが十二時間も座って勉強できていたら誰も苦労しないですから、できて二十分ぐらいではないでしょうか。**「当時出ていた理論書は小学校に入る前に全部読み終わりました」**とか、**「内容は何となくわかります」**とか、絶対に嘘ですよね。まず、理論書の題名すら言えないのではないかという気がします。

・宏洋氏が後継者と決められていたことはない

喜島克明　八三ページには「小学校時代までの私は、教団の後継者として周りから守り立てられていました。『後を継ぎたい』と思ったことも、『継ぐか』と訊《き》かれたこともありません。最初から『そういうことだから』と決められていたのです」とあります。ここにも嘘があるように思います。

大川咲也加　「後を継ぐか」と訊かれたこともないのに、どうして「そういうことだからと決められていた」のが分かるのでしょうか。日本語が変です。

喜島克明　実際、後継者の候補の一人ではあったとは思うのですけれども、後継者と決まったことは一度もありませんでした。

総裁が学歴偏重であるように見せる悪質な印象操作

・「東大、早、慶以外は大学ではない」と何百回も言われたのは本当か

喜島克明　また、同じく八三ページには、「**中学校から私立の麻布《あざぶ》か開成《かいせい》へ行って、東大法学部に現役で合格しなさいと言われていたのです**」とあります。また、「**東大早慶以外は大学ではない**」と、総裁先生が何百回も言われ、「**ほかの大学は専門学校以下である**」とも言われたようなことも書かれています。

村田堅信　私は一度も聞いたことがありません。本人の成績の上下に連動して志望校も上下していたというのが事実です。

大川咲也加　まず、「東大、早、慶以外は大学ではない」というのは、私も聞いたことがありません。強《し》いて言うなら、「東大とか早慶を一流大学って言うんだよ」とか、そういうことは言われたかもしれないですけれども、「ほかの大学は専門学校以下である」というよう

な差別的な発言をされることはありません。

　また、小学生に百回もそのようなことを言うほど暇ではないです。「東大法学部に現役で合格しなさい」と言われたと書いてありますが、そういうことはありません。

　私が伺っていたのは、「宗教家になるときに東大卒ということが一つの信用になった。宗教というだけで偏見を持つ人もいるから、そういう人たちに対して、この世的にもしっかりしているということを見せるために、ある程度しっかりとした大学には行ったほうがよい」ということです。巷《ちまた》で言う学歴至上主義のようなものではなかったのです。

　その論拠の一つとして、私の例をお伝えします。

　私自身は、むしろ東京大学の受験はちょっとしてみたいと思っていた時期もありました。しかし、総裁先生は「東大の文学部に受かるよりは、早稲田の商学部などで実学を学んだほうがあとあとはよいかもしれない。東大だからといって仕事ができるようになるわけではないし、早稲田の人のほうが仕事ができる可能性もあるから、別にこだわる必要はない」というようにおっしゃいました。

　私の場合は教育に関心があり、お茶大は、もともと全国の先生を養成する女子高等師範学校でありましたし、当時の皇后様からの御歌《おうた》が校歌になっているぐらい由緒正しい国立大学だったので、日本神道系の魂とも言われていた私には合うのではないかということは言われていました。さらに、お茶大でなかったら学習院に行くのがよいのではないかとも言われていました。理由としては、皇室の方も行かれている日本神道的な学校だからでした。

結局、早稲田も慶応も受かったのですが、早慶に行くという話にはならず、「お茶大がいいよね」という感じで、そのままお茶大に決まりまして。友人からは、「六年も女子校行ってまだ女子大行くの？　えーっ」というようなことを言われたり、「彼氏欲しいから普通に慶応でしょ」と言う方もいました。

結果的には勉学に集中できたので、女子大でよかったと思っています。私に関して総裁先生は、選択肢としては早慶でなければならないということもなかったように思います。

喜島克明　私も教育の責任者をしていましたが、「学業即修行」というお言葉は頂いておりますけれども、それが学歴と直結するという教育方針ではございませんでした。

・東大法学部進学にこだわっているように脚色している

武田亮　私も付け加えさせていただきますが、九三ページに、早稲田高等学院に合格したあと、『**大学は東大法学部に行って欲しい**』と言われました」とか、九六ページに青学に入ったあとも「**両親はまだ、東大受験を諦めていなかった**」とあります。要するに、総裁先生が宏洋氏の東大法学部進学に非常にこだわっていたかのように勝手に書いているのですが、「いいかげんにしろ!」と言いたいですね。

私が担当していた中三と高一のときには、すでに東大は絶対合格圏外で、もっと簡単な大学が目標になっていました。先ほどお話があったように、基本的には彼の当時の模試の結果に連動して、「今、この学力であればこういう目標が適正ではないのか」ということを、いろんなタイミングで総裁先生から教えていただいていたということです。

特に申し上げたいのは、早稲田高等学院（早大学院）に受かったあとに東大法学部を目指すことは、ありえないということです。なぜかというと、早大学院は大学付属校なので、九十八、九パーセントぐらいが早稲田大学に進学します。つまり、早大に進学するために入学する学校なのです。

ですから、総裁先生も早大学院に受かった時点で、「早稲田に行けるのであればよかった、御《おん》の字だ」という感じでした。ましてや、補欠合格で滑り込み、入学後、すぐにクラスの底辺の成績になった宏洋氏に、「東大法学部に行ってほしい」と言うはずがありません。

さらに早大学院についていけず、青学に行った人に「東大に行ってほしい」と言うのは、もう笑い話です。また、別のページには総裁先生が宏洋氏に「百点」を要求していたかのように書かれていましたけれども、残念ながら彼の客観的な学力からすると、小学高学年以降、言いたくても言えない目標というか、発想すらできない点数です。

ですから、そんな人に東大法学部に行けと言う人は周りにいなかったし、総裁先生は一人ひとりの個性や学力をご覧になられて、その人に合った進学を常にアドバイスされていましたから、このようなことをおっしゃいませんでした。

脚色して、東大法学部にこだわる先生像をつくり出したいだけだということを申し上げておきたいと思います。

・早稲田から青学への転学を否定していなかった

大川裕太　志望校については、きょう子氏が自分の出世と絡めて、「宏洋さんは自分が産んだ子なんだから、やっぱり優秀な成績でなかったら困る」ということでプレッシャーをかけていた面があります。

総裁先生は、宏洋さんが青学に行ったこと自体も、「宗教的な学校だし、共学の学校だから、宏洋に合っていてよかったのではないか」と言われていました。むしろ、きょう子氏のほうが「問題外」のような感じで言っていました。
また、幸福の科学学園やＨＳＵ（ハッピー・サイエンス・ユニバーシティ）を開学し、総裁先生が本当にしたかった教育をそちらでされています。一般的に言われているエリートコースのとおりに行ったら人生うまくいくかというと、別にそうでもないということです。

喜島克明　そのとおりです。

福本光宏　早稲田から青学に行かれたことについてですけれども、早稲田をやめて青学に合格したあと、先生は「青学は経営者がたくさん育つ大学でよいところだ」というようなことも言われていました。
それから、宏洋氏本人も言っていたように、青学は宗教系の大学であるので、「家が宗教だ」ということでネガティブな反応をされるようなところがない学校でした。ですから、総裁先生は「これでは駄目だ」とか「こんな大学に行ったら駄目だ」とか言うことは一切なかったですね。「経営者としては育つのではないか」とか、「歌手とか芸術家もいる」というように言われていたこともあります。ただ、遊びに行くのではなく、そこで立ち直るのであればよい学校だというふうに思われていましたので、そのことはお伝えさせていただきます。

大川咲也加　先生は本当にそれぞれの個性にあった学校を見つけてきてくださいます。「こんな大学はどうかな」とか「こんな学校はどうかな」というのをすごく考えて親身になって選んでくださいます。私は、先生がお茶大を推薦してくださって本当によかったと心から思っていますし、結果的に裕太さんも、真輝さんも、宏洋さんも、自分に合う学校をお勧めいただいていたのではないでしょうか。

私は中学受験では第一志望に落ちましたけれども、入学した豊島岡《としまがおか》はとても勤勉な学校で、天才型ではなくてコツコツ型の秀才型を目指す方針だったので、むしろ第一志望の学校よりも自分に合っていましたし、そういった受験校を見つけてきてくださった総裁先生には本当に感謝しています。

ですから、捉え方は人それぞれです。総裁先生の教育方針に感謝することはいくらでもできますが、宏洋さんは全部、人のせいにしてしまうところがあり、無理やり受けさせられたとか、自分の行きたくもない学校に行かされたというふうに言っています。中学受験の際、第一志望校として麻布が勧められたのも、校則が緩いから宏洋さんでも行けるのではないかという理由もありました。

・総裁から「この野郎」という言葉遣いは聞いたことがない

喜島克明　八五ページには、「算数の成績がすごく悪かったのですが、四谷大塚《よつやおおつか》の週例テストで一度だけ100点を取ったことがあります。それを見た隆法は、『この野郎、この野郎』と、ものすごくはしゃいでいました。私は『この人って、こういうときにしか喜ばないんだな』と冷めた目で見ていました。

ところが答え合わせをしてみたら、本当は100点ではありませんでした。1問だけ間違えていたのに、採点ミスで100点になっていたのです。でも隆法は、『1番は1番だからいいんだ』と、メチャメチャ喜んでいました」と言っているのですが、まずこのような言葉遣いを総裁先生がされるわけがないと思うのですけども、このあたりのエピソードに関して、何かありますでしょうか。

大川咲也加　「この野郎、この野郎」という言葉遣いは聞いたことがないですね。

でも、いい点数を取って喜ぶのは普通の親ではないですか。それを**「この人って、こういう時にしか喜ばないんだな」**と冷めた目で見る子供のほうが「ちょっと大丈夫かな」と私は思ってしまいますけれど。

むしろ、当時の宏洋さんであれば冷めた目で見ることはないと思いますし、うれしかったのではないでしょうか。

大川裕太　でも、総裁先生は決して学歴だけで見ていません。『娘から見た大川隆法』に、「大川家・家訓」として、**「空《から》の袋は立たず。人間としての中身を充実させよ」「勉強をしなければ、人間は猿と変わらない。学問が文明・文化を創った。学問を武器として人生を戦え」**（四八〜四九ページ）と書いてあります。

要するに、そういう「努力をしないといけない」ということはお教えいただいていますが、学歴至上主義ではなかったです。今に至っても、学歴よりも「人間としての中身」として、宗教修行をまず大切にするべきと教わっています。

・学習室に付けられたのは、
監視カメラではなく、今で言うスカイプのようなもの

喜島克明　次に移りたいと思います。八八ページに、中学校になって「スタッフのスペースである1階の隅っこの一室に移されました。部屋には監視カメラがついていて、きょう子さんに24時間見張られる生活です。カメラの上にはスピーカーがついていて、突然『宏洋！なにサボってるの！』と怒鳴《どな》り声が飛んできます」と書いてありますが、このあたりはいかがでしたでしょうか。

大川咲也加　監視カメラではなくて、ベビーモニターのようなものです。

鶴川晃久　学習室に一部付いていましたが、宏洋氏の学習室からは本人の意思で外したんです。「勉強ができなくても、人間としてしっかりやろう」ということで、私は宏洋氏の生活を一から立て直すことを目的に取り組みました。朝起きて『仏説《ぶっせつ》・正心法語《しょうしんほうご》』を読誦《どくじゅ》するということ、帰ってきて勉強の合間に夜のお祈りをするということをやっていたのですが、私

だけがお祈りして、彼は横で寝ているという状態でした。本当に五分もたたずに寝てしまうのです。

七八ページに**「当時出ていた理論書は小学校へ上がる前には一通り読んでいました」**と、幸福の科学の教学をマスターしているかのように書いていますが、本当にその年の「法シリーズ」も読んだこともなければ、経典《きょうてん》自体をほとんど読んだことがない。これは中学一年、二年の時点でもそうで、私たちは一生懸命お伝えしていたのですが、彼は放棄していました。

ですから、今、偉そうに幸福の科学の教学について分かったふりをしてほしくないですし、彼に常識がないというのは今までのお話でもよく分かったと思います。本当に朝起きられない、人との約束は守れない、人にお世話になったことには感謝できないですし、さらには、お世話になった人の恩を仇《あだ》で返すということをずっと繰り返すんですね。

大川咲也加　そもそも、母が仕事をしているときに遠隔で子供の様子を見たいということで、総裁先生の指示ではなく、スタッフの厚意で勉強部屋にベビーモニターを付けていただいたと伺っています。

主に、母親が子供五人を同時に見るためのものでした。監獄の監視カメラのように言うの

●**法シリーズ**　幸福の科学としての教義の基本と、その年の基本的な活動方針を示した経典。2020年は『鋼鉄の法』（幸福の科学出版刊）で、法シリーズとしては26作目となる。

は悪質な印象操作以外の何ものでもありません。

武田亮　要するに、監視カメラではなく、双方向のコミュニケーションができる、今で言えばスカイプのようなものなんですよね。

さらに言えば、コミュニケーションという意味でよくあったのは、勉強の終わるころになると、「あとどれくらいで勉強終わるの？」「あと十分」とか言って、「終わったら、どこそこに散歩に行こうね」「いいよ、オッケー」というような、ほのぼのとした会話をして終わるとか、そういう感じだったんですよね。

大川咲也加　私もそのときのことを覚えています。スピーカーから声がして、「十五分後ぐらいにご飯行こうと思うんだけど行かない？」と母から言われたんですけれど、「今、全然見てなかったな」とすごい感じて（笑）。今、ちゃんと見ていれば数学の問題を解いている佳境だと分かるはずなのに、全然見てないなというのが分かりました。

たぶん、自分の用があるときだけ使っている感じでしたので、監視はできていなかったです（笑）。そのときは数学を早々に切り上げてご飯に行きました。あとは、こちらも「見ているかな」と思うときに手を振ったり、呼びたいときとかに合図したりとかいうことはありました。

武田亮　宏洋氏の表現を見ると、監獄に閉じ込められた犯罪人を監視しているかのように想像してしまうかもしれませんが、まったくそんなことはなくて、あくまでコミュニケーション手段であって、お子さんたちがより集中できるように、そしてわれわれ教える側も緊張感を持って臨めるように、スタッフのほうで導入したものであったというところですね。これをお伝えしておきます。

・反省会を喧嘩《けんか》にすり替えている

喜島克明　八八ページの後半部分に「麻布の入試に落ちたことが両親の間で問題になり、どっちが悪いという話からケンカが始まりました。隆法は、母親がちゃんと管理しなかったのがいけないとなじります。きょう子さんは、『宏洋はもともとバカなのに、「麻布から東大」なんて目標を設定したあなたが悪い』と譲りません。私の目の前で『宏洋はもともとバカなのに』と毎日言い、わんわん泣いたり、隆法に向かって物を投げるのです」というようなことが書いてありますけれど、このようなことがあったのでしょうか。

大川咲也加　きょう子さんでも物は投げないです。「宏洋はバカなのに」というようなことは、もしかしたら言うかもしれませんが。両親が「顔を合わせるたびに怒鳴り合いのケンカ」という表現は、「盛って」います。普通に考えてそんなことはありません。一緒に住んでいましたけれども、私は見たことがありません。

大川裕太　私も、物を投げ合っての喧嘩《けんか》はまったく見たことがないです。物を投げてきたりするのは、むしろ宏洋さんのほうであったと思いますけれども。

喜島克明　自分（宏洋氏）の性格に寄せて人を描いているということですね。また、母親がちゃんと管理しなかったのがいけないと総裁先生がなじったように書いてあるのですが、このあたりはいかがでしょうか。

大川咲也加　ネチネチなじるような感じではないです。普通の一般家庭であるぐらいの、

「教育方針はどうだったんだろうね」という反省会とかはやっていたと思いますけれども、それ以上でもそれ以下でもありません。

喜島克明　そうですね。反省会は、当会の反省の教えから見ても、あって当然のことで、それを、「なじる」と表現するのは宏洋氏の印象操作です。

村田堅信　どちらかというと、きょう子さんと宏洋氏が喧嘩していたことに対して、総裁先生が仲裁に入られたということをすり替えて書いていると感じます。

喜島克明　なるほど。「宏洋氏がきょう子さんからなじられている」というのが真実であると。総裁先生がきょう子氏をなじっていたわけではないということですね。それをすり替えているということですね。

総裁の愛情が理解できない宏洋氏
・総裁先生の「経済力」ではなく、「救世の情熱」についていった

喜島克明　一〇三～一〇四ページにはご両親の離婚に際して、お子様がたが、お父様のほうについていかれる決断をしたときに、「**きょうだいみんな、両親のどちらに対しても感情的な思い入れはありません。だから正直、どちらでもよかったのです。（中略）決め手は、父親の経済力です**」と、子供は全員、経済力だけで父親のほうを選んだかのような、とても失礼なことを書いているんですけれども、これに関してはいかがでしょうか。

大川咲也加　以前もお話しさせていただいたんですけれども、私がきょう子さんと話をしたときには、きょう子さんのほうから「パパについていきなさい」と言われました。理由は、「ママについてきたら、食べさせていけるか分からないから」ということでした。きょう子さんは料理もあまりしないし家事もしないので、正直、「五人ついてきても無理だ」と、自分でも分かっていたと思います。

ただ唯一、宏洋さんだけは「一緒に来る？」と言われたかもしれません。それはなぜかというと、宏洋さんが当会からちょっと離れ気味だというのを知っていたからです。一人ぐらい連れていってもいいかなという雰囲気はあったのですが、私たち全員を連れていこうという感じではありませんでした。

しかし、こちらとしては、宏洋さんの言うように「飢え死にする」から先生についていこうと思ったわけではなくて、先生の教えについていこうと思っていただけです。

あとは、**「きょうだいみんな、両親のどちらに対しても感情的な思い入れはありません」**と、なぜ断定してくるのか分かりません。私自身は父も母も好きでしたし、母もちょっとヒステリックで変なところはあるのですけれど、憎めないところもあるので、別に嫌いだったわけでもないんです。

ただ、総裁先生の教えを広げるのを妨害するのは、弟子《でし》としてよくないと思いました。母であっても救世事業を邪魔することは許されないということです。

・弟を勝手に「引きこもり」扱いにする

喜島克明　真輝さんについては、**「心根が優しいので、けっこう悩んでいました。両親がケ**

ンカしているのを見てショックを受け、引きこもりになってしまった」（一〇四ページ）と書いてありますけど、このあたりはいかがでしょうか。

大川真輝　私は両親が喧嘩しているところは見ていません。ショックを受けて引きこもりになってしまったこともないです。これは私が中学生のころの話だと思いますが、学校に行って部活もしていましたので、そういうことはなかったです。

当時の宏洋さんについての思い出があるとしたら、母と兄と私の三人で、一回、大阪《おおさか》に旅行に行ったことです。これがその離婚の話のどのくらいのころだったかはちょっと分からないのですが。

母としては、最初のほうは「子供たちは自分が連れていく」ぐらいの気持ちで兄と私を大阪に誘って行ったのでしょう。当初は二泊ぐらいの予定で行ったのですが、一日目に兄と母が仲違《なかたが》いしてしまいました。

宏洋さんを知っている人はご存じのように、兄は嫌いになったら感情的に「もう無理。パシッ」となる人なのです。それで、一日目の夜に「もうあいつとは一緒にいられないから、真輝、帰るぞ」と言い出しました。母は二日目、三日目の予定も立てていたらしく、困っていました。宏洋さんが、「こんなやつと一緒にいられないから、もう帰る」と言い出して、二日目の朝あたりに帰ることになったということがありました。

あのとき、無性に母親のことが嫌になって、「もう無理!」となってしまった瞬間を私は見ました。当時の彼は、冷静に経済力を計算して決めたというよりは、感情的に結論を出したように私には見えました。

喜島克明　分かりました。まあ客観的に見ても、この本に書かれていることは違うということです。裕太さんはいかがですか。

大川裕太　きょう子氏が子供たちを集めて話をするので、総裁先生が非常に困られていたのは事実で、最後は咲也加さんが、「パパについていきましょう」とまとめてくださったというふうに記憶しています。それで同じ時期に宏洋さんと真輝さんが大阪できょう子氏と決裂するという事件があって、「パパについていこう」「ママは駄目だ」と上のきょうだいがだいたい固まったので、私も、「やっぱりそれが正しいんだな」と思いました。

・総裁が人をネチネチ叱るところは一度も見たことはない

喜島克明　一〇四ページには「父・隆法の唯一良いところは、ブチ切れないことです」と言っています。一方で**「怒ったときは、怒鳴りつけるよりもネチネチ言うタイプ」**と言っていますが、そのようなことがあるでしょうか。

大川真輝　まず「ブチ切れない」というのは正しいことです。本当にブチ切れたりはされない方です。「怒ったときは」と言っていますが、総裁先生は基本的にその人を目の前にして悪く言うことはされない方なんですよね。これは礼儀として、品格としてされない方なので、ネチネチ一時間も二時間も説教するというのは見たことがないです。

遠回しにたとえ話や他の人の事例を使って諭《さと》したり、直接的に言わずにあとで参考書みたいなものを下さったりということはあるのですけれども、ネチネチと叱るようなタイプではないということは、はっきり言っておきたいと思います。

・子供の学校の行事にも参加していたのが事実

大川咲也加　ちょっと戻るのですけれども、宏洋さんの本に「**裕太がいじめに遭ったとき、きょう子さんはＰＴＡ会長を務めていました**」（一〇七ページ）と書いてあるのですが、きょう子さんはＰＴＡの会長ではなく、役員でしたよね。訂正なんですけど。

村田堅信　白金《しろかね》小関連で思い出したので、忘れないうちに言っておきます。総裁先生が、「（白金小の）**学校行事に関わったことは、一度もありません**」（八〇ページ）とも書いてあったと思うのですが、参加されていますよね？

大川咲也加　参加されています。『娘から見た大川隆法』にも、運動会のときの写真を載せてあります。行事にはけっこう来てくださっていました。

大川裕太　はい、いじめ問題の件については、私は、多々、家族のみなさまにご迷惑、ご心配をおかけし、多くのみなさんにご支援いただいたんですけれども、総裁先生が子供の問題に対して無関心だったということはありません。小学生の私がいじめを受けたということについて、総裁先生が全力を挙げて支えてくださいました。それが、ありがたい記憶として残っております。

実は、いじめを隠蔽《いんぺい》しようとした校長先生に対して、総裁先生自《みずか》ら、お手紙を書いてくださったこともあります。それを私も読ませていただきました。そういうことまでされて、私を護ろうとしてくださったことに感謝の思いが尽きません。

ですので、宏洋さんが言うように、ほったらかしで虐待《ぎゃくたい》ばかりの父親だったということはまったくないということを、この場をお借りして、重ねてお伝えしたいと思います。

鶴川晃久　宏洋氏は中学校のときに廃嫡《はいちゃく》されたようなことを言っていますが、竹早《たけはや》中で展示会のようなものが開かれたときに、彼は自由研究で陰陽師《おんみょうじ》についての大作をつくり、総裁先生も見に行ってくださったんですよね。ただ、あれだけの大作をつくったにもかかわらず、金賞は取れませんでした。

他の科学的に書いた論文の子が金賞を取っていたんですけれども、それに対しても総裁先生は、「学校側は、『非科学的で金賞は与えられない』と言っていたけれども、これはこれで素晴らしい作品なんだ」と言って、宏洋君の作品に対して評価し、ほめていらっしゃったんです。いちばん問題があった中学時代も、宏洋さんのことをとっても愛しておられる総裁先生のお姿を私は横で見ています。

「地方＝左遷《させん》」という歪《ゆが》んだ考えや特権階級意識を持っている宏洋氏

大川咲也加　あと、この本のなかに、地方に行くことを「飛ばされる」「左遷《させん》」と表現しているところがこの本でさんざん出てくるのですけれども、地方の方にすごく失礼です。「名《な》古《ご》屋《や》に飛ばされた」とか「大阪に飛ばされた」とか「北海道に飛ばされた」とか、そもそも、どこも大都市だと私は思うのですが。とても失礼だなと思います。

武田亮　それは、本人が、「浦和《うらわ》（埼玉県）より遠くはすべて田舎・僻地《へきち》であって、そこに行くということは懲罰《ちょうばつ》だ」と考えているところから言っていることだと思いますね。

喜島克明　一一七ページには、**「咲也加、裕太、愛理沙《ありさ》、それに隆法は、自分のことを本気**

で神様だと思っています。だから常に上から目線で、『その辺の愚民とは違うから』というスタンスでいます。しかし真輝は、市民感覚や普通の心をしっかりもっている人です」という言い方をしていますけれども、この見方についてはいかがでしょうか。

大川真輝　総裁先生ご自身は、市民感覚や普通の心をしっかり持っていらっしゃる方であるのは間違いのないことです。そうでなければ、さまざまな人に当たるような法を説くことはできませんし、日本だけではなくて世界のどんな方であっても「この教えはまさに私のことを分かって言ってくださっている」と思って、入会してこられる方がたくさんいらっしゃるわけです。

市民感覚や普通の心を持っていなかったとしたら、こんなに教団が広がっていないはずなので、ある意味、誰よりも世界中の方々への共感力を持たれている方であるのは間違いないですし、そのことは幸福の科学の信者であれば、みな知っていることだと思います。ですので、これについてもおかしいです。

咲也加さんも、やはり、市民感覚や普通の心を持っていらっしゃる方です。とてもフランクで、いろんな方に同じ目線で話してくださる方です。

宏洋氏は、「普通の人たちは偉いが、幸福の科学の人たちは駄目」という階級意識を持っているので、自分の感覚で他の家族のことを表現しているのではないかと率直に思います。裕太さんや愛理沙さんも、市民感覚や普通の心というのはしっかり持っていらっしゃる方です。裕太さんは面白い方なので、友達がとても多いんですよね。高校時代から多くて、今もずっとお付き合いが続いているということは、友人たちからも好かれているということでしょう。普通の心を持っていなくて、「愚民とは違う」というようなスタンスでいる人だったら、たくさんの友達はできないはずです。

また、愛理沙さんも気取ったようなタイプではまったくなくて、友達はたくさんいますし、宏洋氏が言うような方ではありません。

宏洋氏は、私たちの友人関係などを全然見たことがないですし、知らないんですよね。そして、きょうだいの評《ひょう》も、とても古い情報で言っています。個人個人にレッテルを貼っているのは、非常によろしくないのではないでしょうか。

「咲也加は友達がいません」という大嘘

大川咲也加　加えて一三四ページには、**「咲也加は性格はきついのですが内弁慶ですから、幸福の科学以外のコミュニティーには接点がなく、友達もいません」**とありますが、私の友達に会ったこともないのによく言えるなという感じがします。

　ありがたいことに、私は小・中・高・大と、とても素晴らしい友人に恵まれています。本当にみんないい子で、応援してくれている方もいっぱいいます。むしろ、「偉くなっちゃうから、私たちともう会えなくなっちゃうね」と言ってくださったりとか。実際に仕事が忙しくなって、最近はお会いできていないですが、「友達がいない」と断定して書かれる理由がまったく分かりません。

大川真輝　咲也加さんはとても友達が多いんですよ。特徴的なのは、基本的にどの人とも分け隔てなく接する方であるということです。幅広く仏性《ぶっしょう》を見ることのできるタイプの方なので、普通の人よりもむしろ友達が多いと思います。客観的に見て、いろんな人の気持ちが分かって、友達が多くつくれるタイプです。

駒沢さゆり　学生のころの咲也加さんを少し存じ上げているのですが、咲也加さんは同じ世代の友人の顔と名前をすぐ覚えてくださり、しばらく顔を見ない人がいると「○○ちゃんは今どうしてるのかな？」といろいろな方に気を配られている様子をよく拝見いたしました。

また、友人や職員さんの誕生日などもよく覚えていらして、一人ひとりを大切にされている方であるなと感じました。幸福の科学の学生部合宿に一緒に参加させていただいたときも、輪のなかに入《はい》れない人がいたら声をかける姿を何度も見かけましたし、私も声をかけていただいた一人でもあります。

どんな人であっても輪のなかに入れないということはなく、「どうやったらその人が活躍できるか」を真剣に考えておられ、一人ひとりの仏性を見てくださっていたなあと感じております。

竹内久顕　咲也加さんは今、映画事業や音楽事業にもかかわられています。さまざまなご指導やご指摘を頂いているのですが、咲也加さんの場合は、関係者によく差し入れを下さいま

●「The Real Exorcist」　2020年5月公開予定の映画「心霊喫茶『エクストラ』の秘密―The Real Exorcist―」（製作総指揮・原作 大川隆法、脚本 大川咲也加）の主題歌（作詞・作曲 大川隆法、歌 大川咲也加）。

す。
例えば、「The《ザ》 Real《リアル》 Exorcist《エクソシスト》」のＤＶＤを制作するときも、デザイナーやディレクター、企画者などに、毎回、必ずお菓子や差し入れを下さっていたんですよ。また、赤羽《あかばね》監督と次の映画「美しき誘惑―現代の『画皮《がひ》』―」のシナリオを書いているちょうどその日はバレンタインデーだったと思いますが、チョコを持ってきてくださいました。

私が言うのも失礼なんですけれども、差し入れのチョイスもきちんとされています。映画の現場は肉体行のようなところがあるので、あんこなど、甘くて一口で食べられるものへのニーズがあるんですよ。ホールケーキを持ってこられても食べられないので。一口で食べられるものを、毎回考えてチョイスしてくださっていて、現場のスタッフのみなさんが喜んでいるのを何度も目にしてきたんですね。

宏洋さんの場合、差し入れはすべて人に丸投げで、どれがいいかも判断してくれません。会議のときも何も持ってこないので、こちらが気を遣って、いつも「宏洋さんが買った」ということにして持ってきていました。

先ほど、駒沢さんが言っていたとおり、咲也加さんは、お友達だけではなくて、外部の映画関係者、音楽の関係者に対してはもちろんですが、内部の職員のデザイナーをしているス

●「美しき誘惑―現代の『画皮』―」　2021年公開予定の幸福の科学の映画（製作総指揮・原作 大川隆法）。「妖魔《ようま》」というテーマをめぐり、真の美の悟りとはいったい何かについて、現代を舞台に描いている。

タッフの子たちにも、差し入れなどのお心遣いをいつもしてくださいます。

大川咲也加　自分で言うのも恐縮ではあるのですが、宏洋さんとまだ仲が良かった大学生のころは、「どうしていろんな人と仲良くできるの。僕はできない」というようなことを相談されました。特に、「幸福の科学の学生部の連中とどうして仲良くできるの」と言われたのを確かに覚えています。

信仰に関する嘘

・きょうだい全員、信者としての自覚を持っていた

喜島克明　もう一つお伺いしたいことがあります。一三六ページに、**「『私はエル・カンターレを信じます』と口にしたこともありません」**、また、一三四ページの小見出しには**「きょうだいの誰ひとり、幸福の科学を信仰していない」**と、まったく失礼なことを書いていますが……。

●**エル・カンターレ**　地球系霊団の至高神。地球神として地球の創世より人類を導いてきた存在であるとともに、宇宙の創世にもかかわるとされる。現代日本に大川隆法総裁として下生《げしょう》している。『太陽の法』『信仰の法』（共に幸福の科学出版刊）等参照。

大川咲也加　幼少期から信者の自覚はありましたが、あるとき、正式に「三帰誓願《さんきせいがん》をしたいです」と申し出て、会員番号を頂きました。それでめでたく会員になったと私は認識しています。

大川真輝　当然、信者の自覚ははっきりありました。もちろん、三帰信者しか拝受できない『仏説・正心法語』などの経文《きょうもん》も毎日読ませていただいていたので、基本的に信者だという自覚は持っていました。

大川裕太　私も信者の自覚を持って聖務《せいむ》をさせていただいていました。祈願や研修をさせていただいたり、自分が導師《どうし》になって三帰誓願式をさせていただいていたこともあります。

・信じていないのに導師をしたなら、宗教的には詐欺に当たる

大川咲也加　宏洋さんも自分で導師をしたことが……。

竹内久顕　そうなんです。それを言わなくてはいけません。彼の言い分が本当なら、導師を

●**三帰誓願**　「仏《ぶつ》（仏陀）」「法《ほう》（仏陀の説く教え）」「僧《そう》（僧団）」の三宝《さんぼう》に帰依《きえ》する誓いを立てること。

したのは宗教的には詐欺に当たるんですよ。宏洋氏は大学二年のときに付き合っていた女性がいて、その女性のことをすごく好きで結婚も考えていました。

それで、「この女性をとにかく三帰させたい」とずっと言っていました。総裁先生の横浜アリーナでの講演会が終わったあとだったと思いますが、御法話《ごほうわ》を拝聴《はいちょう》して、当時の彼女が「三帰してもいい」ということになって、三帰誓願式をすることになったんですね。

ただ、宏洋氏は三帰誓願式のやり方が分からないだろうと思ったので、「私のほうで導師をしようか」と言ったら、「いや、これは宗教家である私にやらせてください」と、自分で導師のお袈裟《けさ》と宝珠《ほうじゅ》を着けて、「あなたは仏・法・僧を信じますか」と言って、三帰誓願式を行いました。もちろん、最後には『仏説・正心法語』を渡して「菩提心《ぼだいしん》の言葉　修行の誓い」を読み上げ、「おめでとうございます」とやっていました。

三帰誓願式の導師をしたということは、キリスト教で言う洗礼を牧師や神父の資格を持っていた人が行ったのと同じことになります。もともと主を信じていなかったにもかかわらず、三帰誓願式の導師を務めたということであれば、宗教的には明らかに詐欺的行為になります。

・自分で信仰を持っていることを語っていた宏洋氏

竹内久顕　あと、彼は東京正心館《しょうしんかん》等での講話で、信仰の話をしています。「エル・カンターレ信仰と伝道について」という演題のときには泣きながら話していました。

松田三喜男　それは二〇一一年のときのものです。幸福の科学の公式ホームページにも出しています。その講話で宏洋氏が言っていたのは、「エル・カンターレはどんなに人生の挫折、どん底、暗闇のなかにいたとしても、絶対に、絶対に見てくださっているんだと。（中略）それだけは、確信して言うことができます」と、涙ながらに講話をしていました。

竹内久顕　ちなみに、そのあと、彼が映画事業のトップやニュースター・プロダクションの社長になったときに、毎回、私に言っていたのが、「（スタッフの）信仰心が足りない」ということです。

例えば、所属タレントである橘百花《たちばなももか》さんと付き合っていた件で、私が諫言《かんげん》したときは、「竹内さん、心が乱れていて信仰心が足りなくなっています。こういったときは精舎に行ってエル・カンターレ信仰を見つめ直してください」と言っていたので、宏洋氏が「私は『エル・カンターレを信じます』と口に出して言ったことがない」というこの言葉は完全に嘘になるんですよ。私だけではなく、ニュースター・プロダクションの社員や職員のメンバーも聞いているので、間違いなく嘘だということは明らかです。

喜島克明　はい、ありがとうございました。彼が信仰者ではなかったということはまったくの嘘であり、教団を信仰していないということもまったくの嘘であるということが明らかになりました。

4　紫央総裁補佐についての真実

事実の捏造《ねつぞう》による総裁補佐への名誉毀損《めいよきそん》

酒井太守　次に、総裁補佐に関する記述で、「セカンドマザー・紫央さん」のところに入ります。

武田亮　まず、一二八ページですね。彼の発言で、**「私や裕太は、隆法の教団運営について物申すことが多かったのですが、紫央さんから、『黙りなさい』と一喝されるようになりました」**と書いてあるんですよね。

ただ、紫央さんは意見を聞いたときに、すぐに「黙りなさい」と一喝するような方ではないですし、そういう言葉遣いを聞いたことがありません。

酒井太守　きょう子《こ》氏はこんな感じですね。

武田亮　そうなんですよ。

大川隆法　宏洋《ひろし》の実母でしょう。

武田亮　紫央さんはまず人の話や意見を聞いてくれますね。

大川紫央　「黙りなさい」という言葉は、私のワードのなかにはないですね。

大川隆法　実母ですね、このワードは。

武田亮　紫央さんは意見を聞いた上で、自分の意見があれば相手の気持ちを配慮しながら、いつも話してくれます。

これは、きょう子さんの言い方だと思います。

それから、「**口癖《くちぐせ》のように言われたのは、『あんたらには半分、悪魔の血が流れてるんだ**

よ』という言葉です」（一二八ページ）と書かれています。これが「口癖だ」と書いてありますが、聞いたことがありません。

「あんたら」という言い方も、まず聞いたことがありません。それから、このあとの「半分、悪魔の血が流れてる」という部分についてですが、あるきょうだいが幼いころに自虐気味に発言していたことを思い出した宏洋氏が悪用したはずです。

最近、その人が総裁補佐に、「ごめんなさい」と謝っていました。要するに、「私が言ったのに、『紫央さんが言った』ことになってしまって、本当にごめんなさい」と謝罪をしたわけです。

つまり、総裁補佐を攻撃するために意図的にすり替え、誇張したということです。

彼が創作した総裁補佐のキャラクターはまったくの別人であり、名誉を傷つけるものです。「訂正し、あなたが謝罪せよ」と言っておきたいと思います。

ちなみに、悪魔は霊的存在であるため、〝悪魔の血が流れている〟とは意味不明です。

酒井太守　聞いたことはありますか、実際に。

大川咲也加　いいえ、ありません。思い当たることは同じになりますが、小さかったときに自己卑下《じこひげ》して、「どうせ、悪魔の血が流れてるんだから」という感じで、ちょっとふてくされて言ったきょうだいのことを宏洋さんが面白おかしく覚えていて、紫央さんがそういうことを言っているというかたちに捏造《ねつぞう》したのだと思います。

ここは事実ではありませんし、そのように言っている人もいないので、名誉毀損《めいよきそん》に当たるような話です。

大川真輝　私も、総裁補佐からそういうことを言われた記憶はまったくないです。

酒井太守　なぜ、宏洋氏はきょうだいの冗談を総裁補佐の話のように持っていくのかというところですね。

大川咲也加　いや、「義母との血みどろの人間関係を言えば面白いんじゃないか」というだけのことですよね。

大川隆法　（映画の）「マレフィセント」のような感じで見ているのかな。

大川裕太　そうですね。

あとは宏洋氏が、「『きょう子氏にすごく似ている』『宏洋ときょう子は駄目だ』という感じで、みんなから思われているんだろうな」と思っていたのかもしれません。自分が言われていることを、逆にみんなに言い返しているような気がしないでもないですが。まあ、自己責任なんですけどね。

大川紫央　きょう子さんにしても宏洋さんにしても、心境が悪いときなどに、一時期、実際に悪魔に取り憑《つ》かれたことがあったことはあったと思うんですけれども。ただ、そのあと、みんなが「だから、きょう子さんは悪魔だ」と思っているわけではありません。

まあ、そういうところは、逆にちょっとどうなのかなあというふうに思いますね。

私はこの**「悪魔の血が流れてる」**発言は、どなたに対しても、かつ一度も申し上げたことはございません。

女性秘書の言動を捏造

大川紫央　あと、一二七ページに「**3人くらい後妻の候補がいて**」と書いてあります。誰がどうかは分かりませんが、おそらく、同時期に一緒に仕事をしていた秘書陣のみなさまのことを言っているのだろうと思いますけれども。私が一緒に仕事をさせていただいているかぎり、「**財産がどうなるかとか、教団の中で自分の扱いがどうなるかといったことばかり、気にする言動を取っていた**」（一二七ページ）というようなスタッフの方は、周りにはいらっしゃらなかったです。

酒井太守　まあ、そんな会話がなされるということはありえませんし、聞いた人はいません。

大川紫央　霊的にもけっこう大変な時期でしたので、みなさんは「先生にはどうにか仕事をずっと続けていただきたいし、法をお説きいただきたい」という思いだったのです。「どうにか支えられないか」ということで、精一杯仕事をしていらっしゃった方ばかりでしたので、このように書くのはいかがなものかなと思いました。

「女性幹部」を蔑視《べっし》していた宏洋氏

大川咲也加　私が覚えているところでは、宏洋さんは、意外と女性蔑視《べっし》なんですよ。

例えば、「三十歳以降の女性幹部はみんな早めにクビにしたほうが、その分の給料が浮く」というように言ったりするんですよね。そのためでしょうか。●女性幹部に対し、「高給が払われている」などと書いてあったりしたと思うんですが、男性幹部には言わないのに、女性幹部というところばかり強調するんですよ。

それで、女性が結婚せずに局長を張っているのは、飾りだと思っているらしいんですね。「女性はお飾りだから」ということで。「局長等をやっている女性陣は、みんな、金や権力目当てで先生に仕えているんだろう」と思っているんですよね。

大川紫央　「仕事をしていないのに、役職や給料をもらっている」と、勝手に彼が思っているということですね。それは、女性全員を敵に回す考え方ですよ。宗務だけでなく、全国、

●**女性幹部に対し**……　宏洋氏の著書には、「新卒の女性職員」が「新入職員リーディング」で「孫権《そんけん》の生まれ変わりだ」とされたら「いきなり専務理事として月給100万円を超えた」とあるが、いずれも事実に反している。対象となった職員は新卒ではなく、当該調査は別の機会に行われたもので、その直後に専務理事になった事実もない。

また世界で女性も責任を持って聖務に当たっていますが、宏洋さんに、私たちのしている仕事はできませんよ。

大川隆法　建設会社に行った影響が少し出ているかもしれないね。建設会社は九割が男性で、女性が一割しかいなかったから、たぶん、女性は補助的な仕事しかなかったのだろうと思うんですね。男社会だったのだと思います。

大川咲也加　「三十歳以降の女は、みんな早めにクビにしたらいい」というように言っていたのを聞いたことがあるので（苦笑）、そういう考え方は……。

大川隆法　「自分より年上の男性もクビにしたい」とは、よく言っていたような気はするね。

大川裕太　宏洋氏は、もうとにかく、自分の恋愛対象にならない人に対しては、「ブスだ」とか「バカだ」とか、すごくひどいことを言うんですね。

ところが、自分の恋愛対象になる人に対しては、もう、欲望で釣ろうとして、金でも権力でも何でもちらつかせます。そして、「おまえは私とどうせ結婚するんだ」というようなことを相手に言っていました。

ただ、自分の恋愛対象外の女性に対しては、すごくケチョンケチョンに言うので、それで被害を被《こうむ》っている方は多いのではないかなと思います。

弟の言葉は、「総裁補佐には、感謝しかありません」

大川裕太　あと、紫央さんについて、私から補足します。

紫央さんは、一緒に過ごさせていただいていると、前妻の子である私たちに、本当にものすごく気を遣ってくださいます。私たちが仕事をしやすいように、どこまでも配慮してくださいますし、総裁先生と私たちの関係がうまくいくように、いつも心を砕いてくださっています。

例えば、宏洋さんやいろいろな人たちが問題を起こしても、最後まで護ろうとしてくださいます。紫央さんがいなかったら、私たちは、どれだけ主にご迷惑をおかけしていただろうかと思います。

そういう意味では、紫央さんが護ってくださっているので、本当に「お世話になっている」という気持ちが強いですし、ときに厳しいことも言ってくださいますが、それは母親だからであって、「母親として、そうしたこともきちんと言わなくてはいけない」という責任感を持たれていると感じています。

宏洋さんは、紫央さんのことも、権力欲の人間のように言っていますが、私から見たら、まったくそんな感じはありません。いつもお護りいただいているなと思います。

ですから、本当に、「感謝しかありません」という気持ちです。

教団の二代目がいかなるものかをまったく理解していない

酒井太守　あと、宏洋氏は、二代目にやたらとこだわっていまして、一二八ページで総裁補佐のことを「**この人は、2代目教祖をやりたくなったんだな**」というように書いたりしています。

さらに、一二九ページでは、「**紫央さん自身が2代目教祖になるのは厳しいと思います。理由は、どこまで行っても〝職員さん〟だからです。大川家の子どもたちは、生まれたとき**

から神様のような扱いを受け、上に立って教義を教えるべく教育を受けてきています」と書いていますが、これは、悟りは関係ない単なる肉体的な血縁主義ですね。「血があるんだから、私が二代目だ」と、彼はこだわっています。

かつ、「**紫央さんが人前で説法《せっぽう》しているのを聞くと、話す内容を自分で考えられなかったり**」「**職員として教えられた内容の中からしかしゃべれないことがわかるのです**」とありますが、教えられた教義から話すというのは、当然やらなくてはいけないことですよね。

彼は、「自分でつくって独創的に、地獄的な話などをすればいい」とでも思っているのでしょうが、このあたりについても、「宗教の二代目とはいかなるものか」ということを、彼はまったく理解していないんだなと思いましたね。

宏洋氏にいちばん優しかったのは総裁補佐

大川真輝　総裁補佐は、たぶん、宏洋氏に対して、基本的にはいちばん優しい方だったのではないかなとは思っています。総裁補佐は、本当に、宏洋氏が目茶苦茶だった時期から知っていらっしゃると思うので、もしレッテルを貼って人を弾《はじ》くような方であれば、彼を見て

「いやあ、もう宗教は無理でしょう、この子は」となってもおかしくなかったと思うんですね。ところが、宏洋氏に対する偏見もまったくなく、たぶん、彼の仏性《ぶっしょう》のところをいちばん見ていた方だったのではないかと思うんですよ。

ですから、そういう面では、宏洋氏も、総裁補佐に対してはすごく親近感を持っていたというか、「ある程度、自分を認めてくれている」という感情はずっと持っていたような気はします。

少なくとも二〇一七年以前は、宏洋氏が総裁補佐のことを悪く言うのを聞いたことがないので、「とても優しくしてくださった」という記憶が残っているのではないでしょうか。

竹内由羽　紫央さんが結婚する前ですけれども、もともと、宏洋さんからいつも聞いていたのは、「やっぱり、紫央さんが秘書のなかでいちばん信頼できるし、すごく話が通じる人だ」ということです。

あと、紫央さんが結婚されるときには、「総裁先生と紫央さんがいるときの雰囲気が、いちばん家族みたいな感じがするから、とてもお似合いだと思った」というようなことを本人から聞いていました。

それから、私は、紫央さんが出家する前から、家族ぐるみでよく知っているんですけれども、とても優しくて、いつも大川家のご家族のみなさんのことを本当によく考えていらっしゃいます。

また、立場上、厳しく言わなくてはいけないようなことも多々あると思うんですが、そういうときも、あとで「言いすぎたかなあ」などと考えている姿を見ると、そこまで考えなくてもいいのにと感じることもあります。そんな紫央さんから、**「あんたらには半分、悪魔の血が流れてるんだよ」**（一二八ページ）というような言葉が出てくることはありません。

大川咲也加　本当に、紫央さんは気遣いの方で、紫央さんのことをご存じの方なら、「絶対にこんな方ではない」ということは、すぐに分かると思います。総裁先生のお仕事を支えるために、本当に二十四時間捧げていらっしゃるので、紫央さんがいらっしゃらなければ、当会は回っていないですし、紫央さんの透明な献身のお力が、今の幸福の科学の原動力になっていると思います。

そういう意味では、感謝しなければいけないご存在なのにもかかわらず、宏洋さんがこういった失礼なことを言っていることに関しては、本当に申し訳ないですし、あきれて言葉も出ないような記述です。

酒井太守　紫央さんのところにも、二代目についての記述があって、そのあとにも後継者問題のことが書いてありますので、結局、宏洋氏は、まだネチネチと後継者のところにしがみついているのでしょう。

紫央総裁補佐は、懐《ふところ》が広く、仕事能力の高い方

大川直樹　補佐の人柄について、宏洋氏の本には「（紫央さんは）立場が変わって、人が変わった」とか「2代目教祖をやりたくなった」など、彼の意見が述べられています。しかし、私は身内として、現在進行形で紫央さんと接し、その人柄に触れていますが、宏洋氏のように思ったことは一度もありません。私が総裁補佐である紫央さんの人柄としていつ見ても思うことは、総裁先生のお仕事が、言い換えれば幸福の科学の事業が、多くの人のためにより広がるように常に考えられているということです。

さらに、そういったお忙しいなかで、われわれの子育てのサポートもしていただいていま

す。総裁先生もそうですが、紫央さんも、激務のなかにもかかわらず、息子《むすこ》と会うといつも笑顔で温かく迎え入れてくださいます。忙しいなかにあって心の余裕を生み出す仕事能力や「懐《ふところ》の深さ」がある方です。

5　長女・咲也加副理事長についての真実

弟から見た咲也加副理事長は「いつもポカポカ太陽」

酒井太守　次に咲也加さんの話に入ります。私も驚いたのは、咲也加さんについて、**「性格をひと言で言うと、政治家です」**（二〇八ページ）というように書かれているところです。

このあたりについて、きょうだいのどなたかから語っていただきたいと思います。

大川裕太　私から見ますと、咲也加さんは、ここで書かれているのとは真逆です。本当に、裏表がなく、誰が見ても信用できる方です。「いつもポカポカ太陽」といった感じなんですよね。

とにかく光が強くて、明るく、包容力があります。咲也加さんはとってもフランクで、冗談も言い合える方です。

それに、私が愚かな失敗をしても、「もう裕太は、しょうがないね」といった感じで許してくださる温かさがあります。そういう咲也加さんだからこそ一緒にいられるんです。「いつも温かく指導していただいているな」と思います。

宏洋《ひろし》さんの見ている咲也加さん像は、全然、咲也加さんではありません。

酒井太守　おそらく、以前、自分のことを叱った女性とか、そういう人のことを書いているのかと思います。

「とても執念深く、敵に回したくない相手です」（一〇八～一〇九ページ）などとも書いてありますけれども。

大川裕太　いや、これも違いますね。

酒井太守　昔の咲也加さんの担当だった黒田由紀さん、咲也加さんの性格について書かれた部分を読んで、どう思われますか。

黒田由紀　私は、咲也加さんが二歳のころから担当させていただいたんですけれども、咲也加さんの使命は調和で、「五人をまとめていくんだよ」といった感じの雰囲気だったので、ここに書かれているような感じではまったくなかったです。

『モーニング娘。』のオーディション」もでっち上げ

大川裕太　「私、モーニング娘。のオーディション受けたいんだけど」（一〇九ページ）と書いてあるのについては……。

大川咲也加　私は、「モーニング娘。」のオーディションを受けたいと言っていましたか？私は記憶にないんですけれども。

転法輪蘭　私は、そんなことは聞いていません。

大川咲也加　ないですよね。

転法輪蘭　はい。ないと思います。

大川咲也加　そうですよね（苦笑）。「何の話だろう？　宏洋さんが、ジャニーズ事務所に入りたいと言っていた話かな？」と（苦笑）。

酒井太守　（笑）

大川咲也加　繰り返しになりますが、私は、「『モーニング娘。』のオーディションを受けたい」と言ったことはありません。

「モーニング娘。」の出ていた番組とかを観て、「咲也加もこういうのやってみたいの？」と訊《き》かれて、「いいよね」と言うぐらいはあるかもしれないですけど、オーディションを受ければ「モーニング娘。」になれることすら、当時はよく分かっていなかったと思うので、「受けたい」とか、そこまで具体的な話をすることはありません。

その後、宏洋さんの言うように、それがきっかけで担当の秘書がクビになったということもありません。秘書の方々に訊いてみても、みなさん、「クビを切られた方なんていないよね」という感じでした。

むしろ、宏洋さんがジャニーズの事務所を受けたいみたいな話をしていたというのは聞いています。

喜島克明　自分がそうしたかったことを咲也加さんのほうに話をすり替えたというような。

駒沢さゆり　私が本人から聞いた話だと、「ジャニーズ事務所から、僕はスカウトされたんだ」という話になっていました（会場笑）。

「勉強も頑張っていた」「気遣いができる」「本当に明るくて、活発」

斉藤愛　話は変わりますが、私が気になっているのは、**「かなり頑張って、私立の名門・豊《と》島岡《しまがおか》女子からお茶の水女子大を出ました」**（一〇九ページ）というところです。

このあたりは、私の見ていたときなんですけれども、確かに、高校時代、咲也加さんはすごく頑張って勉強されていました。

ただ、それは「受験に向けて」ということではなくて、「学生として、やるべきことはやる」ということで、定期テストとか、毎週の漢字の小テストとか、そういうものについても、すごく頑張っていらっしゃったんです。

教育係としては、「体調に差し障りが出るから、お休みしましょう」といったことを、いろいろなかたちでお伝えしても、「おねえさんは、そうやって、言い訳がうまいんだから」と言って、もっと勉強してしまうという感じで、本当に自主的に頑張られていましたので。

宏洋氏はそういうところが気になって、引っ掛かって、「執念深く、敵に回したくない相手」といった言い回しをしたのだろうかと推測はしています。

野口佑美　私は、咲也加さんが小学生と中学生のときにいたんですけれども、咲也加さんは、本当に周りをよく見ていらっしゃったと思います。「周りのスタッフにも気を遣っているのかな」ということは、よく感じていました。

森祐美　私は、咲也加さんを、小学校三年生ぐらいから担当させていただいたんですけれども、「本当に明るくて、活発で」という印象が強くて、ほかのごきょうだいのまとめ役という感じでした。
あと、周りのおねえさんたちにも気を遣ってくださるというか、大変さなども分かってくださいました。
なので、ここに書いてあることを読んだときに、「誰のことだろう?」というぐらい、まったく違う印象ではありました。

酒井太守　なるほど。

〝ダンス部での大事件〟の捏造《ねつぞう》

酒井太守　この本のなかに、咲也加さんの高校時代のダンス部の話が出てくるんですが、ここについては、樋口さんに話を聞きたいと思います。

樋口ひかる　はい。私は、中高時代に、一学年下の後輩として、部活で咲也加さんと過ごさせていただきました。

宏洋氏は、咲也加さんについて、「高校時代、そのダンス部で大事件がありました。ある発表会用に、露出の多い衣装が上がってきたらしいのです。すると部長だった咲也加が、『パパが見に来るのに、こんな露出度の高い衣装なんて私は着ないわよ。いまから衣装を変えなさい』と怒り出したそうです。部長がそんな態度では、周りの部員は『何、この子』と揉めて、まとまらなくなってしまいます。しかし咲也加は最後まで意見を変えず、『私はこんな服は着ない』と突っぱねて、なんと部長なのに、そのまま部活を辞めてしまったのです」（一一〇ページ）と書いているんですけれども、事実としては、そもそも、咲也加さんが在籍されていたのは中学三年生の一学期までで、高校はダンス部ではありません。

部活自体も、中学と高校の合同だったので、高校二年生が部長やリーダーを担っていて、中学三年生は、実質的にはフォロワーとして、一部員として活動していました。ですから、部活全体に影響力を及ぼす立場ではありませんでした。

それに、退部に至った経緯についても、きょう子《こ》さんの意向として、セクシー系のダンスグループへの所属はやめてほしいという意見があり、咲也加さんとしては泣く泣く退部をされたと聞いております。

その後、割烹《かっぽう》部に部活を変えられたあとも、「周りの意見を聞いて調和していくようなご性格だった」と割烹部の部員から伺っていますし、私としても、咲也加さんのご性格はどちらかというと控えめに見えました。

ですから、「強権を発動して、部活のみんなを押さえ込む」とか、「意見をかなり強く出していく」とかいうようには見えなかったですし、部活を混乱させるようなことも、ありませんでした。

酒井太守　咲也加さんからも、ダンス部のところについて、何かあればどうぞ。

大川咲也加　このあたりの経緯は、『娘から見た大川隆法』にも書いているのですが、宏洋さんは読んでいないのでしょう。

私は、高校までダンス部をやっていませんし、部長でもないですし、「衣装を変えろ！」と言って揉めたこともありません。

しかも、宏洋さんは、この時期、家にいなかったんですよ。

大川隆法　（苦笑）おかしいですね。

大川咲也加　一人暮らしをしていましたよね。ですから、これは、おそらく見聞きした話を膨らませたのでしょう。

大川裕太　家で、きょう子さんが、「豊島岡が、こんなセクシーダンスをやっているなんて、ありえない！」というように言って、介入していたんですよね。

咲也加さんが被害者なのに、それを咲也加さんのせいにされている感じです。

大川隆法　へそ出しルックのダンスが発表会のときにあったか何かで、それを、きょう子さんがすごく嫌がっていたんですかね。

酒井太守　これも、事実と違いますね。

大川咲也加　「事件」というほどの事件ではないですよね。

酒井太守　宏洋氏は、これを断片的に聞いたんでしょうけど、適当に話をつくったんですね。

大川咲也加　「ほかにあまりネタがないから、ちょっと膨らませたかった」ということだと思います。

「宗務《しゅうむ》本部長を罵《のの》り、彼氏を宗務本部に押し込もうとした」？

酒井太守　こんな話ばっかりですね。では、次に行きます。

「はげしい姉弟喧嘩《げんか》」のところで、**「『私の彼氏で、ゆくゆくは結婚したいから』と主張したのです。（中略）宗務《しゅうむ》本部長を罵《のの》り、無理やり押し込もうとしていました」**（一一一～一一二ページ）というあたりについては、誰がいちばんよく知っていますか。

大川咲也加　では、私から、少しだけお話しさせていただきます。

酒井太守　はい。

大川咲也加　「私の彼氏で、ゆくゆくは結婚したいから」というところについては、言ってもいない言葉をつくっています。

さらに、「宗務本部長を罵り、無理やり彼氏を宗務本部に押し込もうとした」とありますが、私は、当時、宗務本部長だった武田さんを罵ったことは一回もありません。

武田亮　まず、咲也加さんが私を罵ったことはありません。

また、このあたりに**「宗務本部に入るためには、特別な面接があります」**（一一二ページ）と書いてありますが、毎年、出家した人のなかで、一部の人と面談をしています。それは、「宗務に入れる人はいるのかどうか」など、さまざまな観点から行っているんですが、このころ、ちょうど、咲也加さんと同世代の人がいたので、面談するに当たって、例えば、「この人は、どんな人ですか？」「学生部で、どんな活動をしていましたか？」「どういう評判がありますか？」といったことを、私のほうから訊いたことは、確かにあります。その後も咲也加さんだけでなく、真輝さんや裕太さんにも、毎年訊いていました。

ここには、咲也加さんが私を罵り、無理やり宗務に押し込もうとしたと書いてありますが、これはないですね。私から咲也加さんにどういう人なのかを訊いたことはありますが、咲也加さんが罵り、「入れろ」と言ったことはありません。

大川咲也加　当然ながら、交際相手を宗務本部に入れるよう強要したこともありませんし、宏洋さんの著書にあるように、これに反対した裕太さんに対して**「竜神のごとく怒り狂って」「罵倒し」「三日三晩くらい怒鳴り散らし」**（一一二～一一三ページ）たことはありません。また、この件がもとで裕太さんと「犬猿《けんえん》の仲」になったというのも嘘《うそ》で、現在でも良好な関係を築いています。

大川裕太　そうです。咲也加さんと勝手に仲が悪いことにしないでください。

酒井太守　問題は、そのあと、この件で宏洋氏が、本に次のように書いている点です。**「途端にこちらへ火の粉《こ》が飛んで来ました。咲也加は、私が当時付き合っていた彼女の悪口をウワーッと言い始めたのです」**（一一三～一一四ページ）

このあたりについて、彼は何を言っているんでしょうか。

大川咲也加　「（交際相手を）宗務本部に入れようとしました」「彼女の悪口をウワーッと言い始めた」という記述については、これはおそらく、自分の話とすり替えています。

もともと、二〇一一年の夏ごろにこの事件が起きたとYouTube《ユーチューブ》で言っていたのですが、二〇一一年の夏というのは、逆に宏洋さんが、「当時付き合っていた彼女との関係を認めてほしい」ということで、家族を巻き込んで騒動を起こしていた時期です。

宏洋さんが言うには、「自分の彼女は聖母マリアの生まれ変わりで、自分はイエス的存在である」と。

大川隆法　結婚した人の前に付き合っていた彼女ですね。

大川咲也加　はい。「聖母マリアだから、自分との関係を認めろ」というようなことを言っていました。「宗教のほうに認めてほしい」という意味合いで、そういうことを言っていたのでしょう。

それに対して総裁先生が、「残念だけれども、彼女は聖母マリアとは認定できないよ」と言われていましたし、私も、「結婚されるんだったら、まずちゃんとした信者さんになってもらうのが先なのではないか」といったことを言いました。

そうしたら、宏洋さんが「もう、じゃあいいです。帰ります」と言って逆上し、プンプン怒って帰っていってしまいました。

おそらくは、そのときに、宏洋さんのお相手に、「結婚をするなら、当会への理解のあるちゃんとした信者になってからでないといけないのではないか」と言ったことを、「咲也加が、当時付き合っていた彼女の悪口をウワーッと言い始めた」というように書いています。

でも、私が言ったのはその一点だけです。人格否定のようなことはありません。

大川隆法　夏の静養をしているときだと思うのですが、お盆のころに静養していることが多いので彼も来ていて、それで、帰り際だったかどうか忘れたけれども、「彼女は聖母マリアの生まれ変わりで、自分はイエス・キリストの生まれ変わりだ」というようなことを、宏洋は言っていました。

おそらく、「自分の過去世《かこぜ》がエロスだったら、イエスの生まれ変わりでもいい」ということだったのでしょうが、私のほうは、やはり「認定できない」ということだったのです。そのころから、「結婚したら二代目にしてくれ」というようなことも入っていたのではないでしょうか。

宏洋氏による大川家きょうだいの「分断計画」

大川真輝　あと、宏洋さんの「まえがき」に、**「両親、妹弟たち、また教団内の人々、出来事については、幸福実現党という国政を目指す政党の母体である、幸福の科学という教団のこれまでのあり方、未来を語る上で、必要であると考えた部分に限って記述することを心掛けました」**（九ページ）というように書いてあるのですけれども、これは本当にまったく何の必要もない人格攻撃なので、矛盾しているのではないでしょうか。

大川隆法　真輝のことはときどき持ち上げているので、これは、いちおう「分断計画」なのではないでしょうか。

大川咲也加　そうですね。おそらく真輝さんを取り込もうとしていて。裕太と私の犬猿の仲を、すごく強調しようとしていますよね。

酒井太守　「分断計画」でいちばん問題なのは、裕太さんと咲也加さんが激しい対立をしているかのように表現していることです。そのあたりについてはどうですか。裕太さんは、激しい対立をしているのですか。

大川裕太　いや、全然ありません。本への寄稿文にも書かせていただきましたけれども、きょうだいのなかだったら、おそらく、咲也加さんはいちばん仲がいいほうです。

この間も、直樹さんと咲也加さんと一緒にドライブをして、ご飯を食べに行ったりもしましたし、よくプレゼントも下さいます。なので、別に「変な感じ」ではまったくないというか、むしろ、かなり私のキャラクターを許容してくださっている方だと思います。

きょうだいのなかでもいちばんの努力家の咲也加副理事長

酒井太守　ああ。福本さんに咲也加さん評を聞いていないですね。

大川隆法　勉強の方針まで……。

福本光宏　いや、私は、ごきょうだいのなかではいちばんの優等生だと思っていました。先ほど、宏洋氏の話も出ましたけれども、宏洋氏からは、私は一カ月ぐらいで二回も、「福本は駄目だ」と言われています。

酒井太守　失格ですか。

福本光宏　ええ。咲也加さんは一年半ほど担当しまして、まあ、ごきょうだいのなかでは、努力されるのは間違いなく咲也加さんでした。また、軸はあまり……。

酒井太守　ブレない。

福本光宏　しっかりしていらっしゃる感じですよね。ですから、学校の先生の受けもかなりよかったと思います。

大川隆法　ああー。

福本光宏　「鬱憤《うっぷん》を溜める」とか、「政治家的に、裏表があって何かをする」というタイプとは全然違って……。

酒井太守　真逆ですね。すごく素直なんですよね。

福本光宏　鬱憤もそんなに溜めていらっしゃらないですよ。ですから、頑張り屋さんなんです。間違いなく頑張り屋さんです。

咲也加副理事長は「狡猾《こうかつ》な政治家」とは正反対の人物

大川真輝　彼の本を読んでいると、咲也加さんが何かすごく狡猾《こうかつ》な政治家であるようなイメージづくりが感じられるのですけれども、それとは違って、打算などが一切ない人です。ですから、これはむしろ、正反対のことを言っているようなイメージですね。
　咲也加さんは宗教的に言えば、「心がきれい」ということでもあると思います。

大川咲也加　「彼女が聖母マリアだと言うなら、やはり、ちゃんとした信者になってもらわなければいけないよね」と言うこと自体が、宏洋さんにとっては暴言だったのかもしれません。でも、彼にとってはちょっときついことだとしても、必要だと思ったことは言わせていただかないと、彼のためにならないと思い、伝えたことはあります。

兄のためにいろいろと手を回して動いていた

大川隆法　妹がお兄ちゃんのために、いろいろなところに手を回してやっていましたよね。何とかして学生部と縁づけしようとして、合宿に連れてこようとしたり、仕事も何とかつなげようとして、アニメなら関心を示すのではないかと思い、「ちょっと協力してみないか」と言って、映画のほうに入れてみたりもしました。兄貴のために、ずいぶんやりましたよね。また、宏洋が行った早稲田《わせだ》高等学院は、第二外国語としてフランス語がありました。フランス語ができないので逃げた節もあって、辞めたのではないかと思います。

咲也加さんは、「お兄ちゃんはどうせ、単位を落として卒業できなくなる可能性があるから、大学でフランス語を取って、お兄ちゃんが落ちたときのために勉強しておかなければいけない」というところまで考える人なのです。ですから、ずいぶん、いろいろな心配りをしているほうですよね。

大川咲也加　宏洋さんとは、大学時代は総じて仲が良かったと記憶しています。

大川裕太　「仏陀再誕」（製作総指揮・大川隆法、二〇〇九年公開）という映画がありますけれども、そのなかに出てくる、主人公の女子高生「天河小夜子《あまのかわさやこ》」とその相手役の大学生「海原勇気《うなばらゆうき》」の二人を見て、「僕と咲也加が付き合っているみたいだよね」というようなことを言って、それをネタにして面白がっていたのを覚えています。ですから、そんなに徹底的に嫌っているというほどではなかったと思うのです。

　宏洋さんは、自分が咲也加さんに負けていると思っているのです。宏洋さんは基本的に素行不良ですけれども、咲也加さんは本当に品行方正な優等生なので、それをひがんで、「あいつは、実は悪いやつなんだ！」というような主張を持っていたと思います。ただ、傍目《はため》から見たら、「徳のないお兄ちゃんだなあ」と感じていました。

大川隆法　裕太は、ストーカーの小学生のように描かれていましたね。

大川裕太　そうですね（笑）。はい。宏洋さんのなかの私のイメージでしょうね。

大川隆法　そうですね。あれは裕太のイメージでしょうね。尾行して、あとからついてくる小学生がいたでしょう。おそらく、あれは裕太のイメージだと思います。

子供のころから周りを気遣っていた咲也加副理事長

酒井太守　では、岩本志織さんあたりはどうですか。母親の代わりに、咲也加さんの学校にも行っていなかったですか。

岩本志織　はい。「愛・地球博」にご家族で行かれたときに、秘書として夫と一緒に行かせていただいたことがあります。

大川隆法　二〇〇五年ですね。

岩本志織　はい。そのときは、新幹線での旅だったのですけれども、新幹線の席で、お子様がたが盛り上がって、少し騒がしくなったとき、咲也加さんは周りの乗客の方に気を遣われて、「静かにしようね」と、ごきょうだいに注意をされていました。

それから、上りのスロープで行くような公衆トイレがありまして、そこにお年寄りの女性がゆっくりと向かっていたんです。まだ幼かった愛理沙《ありさ》さんが、われ先にと、その方を追い抜こうとしたとき、咲也加さんが愛理沙さんを止めたことがありました。他の方への心遣いが素晴らしいなと思いました。

また、塾などにも付き添いさせていただいたことがあったのですが、私が交通ルートを調べ間違えてしまったときに、優しくフォローしてくださったこともありました。

いつも、優しく礼儀正しく接してくださって、本当にありがたく思っておりました。

私は、咲也加さんをとてもご尊敬申し上げておりました。

大川咲也加　ありがとうございます。

酒井太守　川島さんから見て、どうでしたでしょうか。

川島麻依子　咲也加さんは、本当に努力する方だなと思いまして、やはり、そういう面で、総裁先生と性格が似ているのではないかなと思っています。
しっかりと地に足をつけて努力しているなという感じが見受けられました。
また、小さいときも、本当に、ごきょうだいのお母さんのような性格で、みんなをまとめているなという感じはありました。

酒井太守　諏訪さんは、どうですか。

諏訪裕子　学生部合宿のときに、咲也加さんがボランティアのご婦人に、「兄が来てくれたんです！」と言って、お兄様をお誘いできたことをすごくうれしそうに報告されているところを、たまたま隣で聞いていて、熱心にお誘いされたんだなということがすごく伝わってきました。
本当にいろいろな学生さんがいるなかで、行事に参加したがらない方や輪に入り切れないような方ほど、お近くでフォローされているようなお姿が、すごく印象的でした。

6　真輝さん、裕太さん、愛理沙《ありさ》さんについての真実

中学時代はテニス部で活躍していた真輝さん

酒井太守　それでは、次に真輝さんの話に行ってもいいでしょうか。

大川咲也加　はい。真輝さんについて、「彼は黙ってじっと耐えるタイプなので、高校卒業まで6年間ガマンしたみたいです。学校では空気のように過ごしていたらしく、勉強はせず部活もやらず、中2から引きこもりみたいになって、家でネットゲームばかりやっていました」（一一五ページ）と書いてあるのですが、確か、中学では軟式テニス部で、運動部でちゃんと活動していました。そして、荒川《あらかわ》区の大会で、上位になったことがあったと思います。

大川隆法　個人戦で表彰もされていましたね。

大川真輝　ええ。中学最後の区の大会で準優勝まで行きました。

大川隆法　もう少し自慢してもよかったね。みんな知らないよ。言わないから。

大川咲也加　ですから、私のなかでは、真輝さんが宏洋氏が言うようなインドア派というイメージはなくて、軽井沢などでテニスをしたときもすごく強かったのです。

ゲームの話題は宏洋氏との会話のために出したもの

大川真輝　私から言わせていただくと、当時、宏洋氏は、本当にたまにしか帰ってこなかったんですよね。おそらく、年に二、三回ぐらいしか会っていない時期もあったと思います。そういうときは、けっこうすごい髪型をしてダーンと来るような時期だったのです。

おそらく、弟たちが進学校だったので、そうとう帰りづらいんだろうなというのは察していました。これで、弟たちが真面目《まじめ》くさった人間のようになったら、たぶん、兄貴はもう家に寄りつかなくなるだろうなと分かっていたので、兄が来たときには、裕太さんもそうですけれども、だいたい、必要以上にふざけて、ゲームの話とか、彼が言ってほしいような、話の合いそうなことを話題に出して、一緒にバカ騒ぎをして喜ぶようなことを、年に二回ぐらいのパーティーのときにはやっていたのです。

それで、彼は、ある意味、喜んで、「そっかそっか。弟たちも自分と一緒だなあ」という感じになって、また家に来やすくなるところもあったと思うので、それで、けっこう一緒に楽しんでいた面はあります。

ただ、その多少の気遣いみたいなところはあまり理解されない方なので、鬼の首を取ったかのように、十何年間もこれを言われ続けています。

受験期にも真輝さんに優しかった大川隆法総裁

酒井太守　この本にあるように、成績が落ちて、「なんだ、この成績は！　開成《かいせい》まで行って、この体《てい》たらくか！　学費を全部どぶに捨てたのと同じだぞ！」（一一六ページ）と言われたのでしょうか。

大川真輝　いや、言われていないですね。

大川隆法　（笑）いない人がこんなことを言ってはいけないよね。

大川真輝　はい。こんなことはまったく言われていませんし、総裁先生は本当に優しい方です。すでに書いたかもしれませんが、私には、参考書だとか、あるいは、受験の日には鯛焼きを買ってきてくださったりだとか、最後まで本当に優しくしてくださったなと思っています。

酒井太守　「毎日、説教食らって」いたなどということは？

大川真輝　まったくありません。そもそも、彼は、この時期は数カ月に一回しかいませんでしたから。

酒井太守　いないのに分かるのでしょうか。彼はまったく知らないことを言っています。

大川隆法　ああ、そうですね。これは知りませんね。

大川真輝　宏洋氏にとって、〝こうあったらいいな〟というような想像で。弟が叱られたりしているだろうということは、彼にとってはすごくうれしいんですよね。「もう一人来た！」というようなところがあって（笑）。

その想像が必要以上に広がって、「きっと毎日、叱られていたんだろう」という感じに盛り上がってしまい、妄想が記憶になってしまったというパターンだと思っています。

大川隆法　幸福の科学学園が高二生までしかいなかった時期に、開成の高三生の息子《むすこ》がいるので、「受験のこれからのことについて一回話をさせてみようか」ということで、確か、真輝には、一学期の終わりに那須本校に送って話をさせた覚えがあるので、私が、あなたのことを問題児のように言っているような状態だったとは思えないんですけれどもね。

確かに、成績のほうは隠蔽《いんぺい》状態が続いていたからよくは知りませんでしたけれども、開成のようなところでは、一番でも四百番でもわずかの差ですから、そういうのは分からないの

●話をさせた……　2011年7月20日に行われた講話「後悔しない受験時代を送るには」。『受験の心構え』（大川真輝著、宗教法人幸福の科学刊）所収。

です。

ライターが想像で書いたと思われる裕太さんの減量エピソード

酒井太守　次に、裕太さんのところに行きます。

大川咲也加　「20～30キロぐらい一気に痩せた時期があります。高校生か大学生のとき、アメリカへ短期留学に行って、可愛い女の子と知り合ったせいです。（中略）毎朝ランニングをしたり運動をして、痩せたらしいのです。愛の力は偉大です。見事に痩せてから再度アタックしたけれども、結果は玉砕に終わったそうです」（一二〇～一二一ページ）と書いてありますけれども、結局、玉砕ではなかったですよね。

痩せてからアタックしてオッケーをもらえていたと、私は記憶しています。それが結婚した方になるわけです。しかもアメリカへ短期留学へ行って出会ったわけでもなく、アメリカではただランニングをしていただけです。

また、宏洋氏は、たぶん、あまり知らずに書いているから、向こうの女性が裕太に言い寄って、「**裕太はモテないので、言い寄られていい気になっていたのでしょう**」（一二二ページ）と書いてあるんですけれども、それは逆で、裕太さんが猛アタックをして結婚したんです。よく知らないのに書いているというのがよく分かるかなというところですね。

大川隆法　もしかしたら、ライターの人が想像して書いているのかもしれませんけどね。

大川咲也加　「（ほかのきょうだいやお母さんなどはみんな）教団の職員で、給料を払っています」（一二二ページ）というようなことが書かれていますが、そういうことはなく、上のお兄さん一人は職員ですが、もう一人はよそで働かれたり、学生をされている弟さんもいるので、別に、裕太さんの結婚したお相手のご家族全員に、こちらが僧職給を払っているという関係ではないと思います。

大川裕太　そうですね。

酒井太守　「裕太もこのままでは教団に居場所がないので、YouTuber《ユーチューバー》にでもなればいいのに、と私は思っています」（一二二ページ）などと、かなり勝手なことを言っていますが。

大川裕太　まあ、ありがたいことに、居場所はあります。

酒井太守　ありますよね。

意外と学歴に固執《こしつ》している宏洋氏

大川隆法　昨夜に来た宏洋の生霊《いきりょう》は、総裁補佐が聞いた感じでは、裕太に関係があったのかな？

大川紫央　裕太君にですか。

大川隆法　先ほど流していた曲があると思いますが、昨日、完成した曲なんです。

●**完成した曲**　2020年公開のドキュメンタリー映画「奇跡との出会い。―心に寄り添う。3―」（企画・大川隆法）の挿入歌「ときめきの時」。

大川裕太　なるほど。

大川隆法　まあ……、あれは「宏洋除《よ》け」の曲なんです。すごく反応する曲なんですが、あれを夜中にかけたら出てきて……。

大川紫央　そうですね。夕べも、やはり、なかなか寝られないじゃないですか。それで、その原曲の歌をかけたところ、すぐ反応があって、宏洋さんがしゃべっているんだなと思ったので、そのまま話をしていたのです。

宏洋さんは、この本にも、やはり、総裁先生の価値観のなかでは東大法学部がすべてであるかのようなことを書いています。われわれから見ると違うのですが、どうやら本人はそう思っているらしく、東大法学部に行った裕太さんが後継ぎになると思っていたのに、今、なぜ咲也加さんがそういう立ち位置にあるのかが分からないようです。

大川隆法　言っていましたね。

大川紫央　夕べ、その生霊は、そういうことを言っていました。ただ、宏洋さんから、咲也加さんに対して「政治家」などと言うのも、すごく珍しいというか、初めて聞きました。

大川隆法　初めてですね。

大川紫央　その謎が解けなかったのですが、「二代目＝東大法学部」という自分がつくり出した条件に、二代目予定の咲也加さんが当てはまらないので、無理やり、こういう評価をつくり出したといいますか、考えたんだろうなと思います。

大川隆法　「自分は青学法学部でも、もし、東大法学部だったら、もう全部満点で、自分も当然このとおりになっているんだろう」と言いたいのかもしれません。ですから、「お兄ちゃんが後継者なんだから」というようなことが何回も何回も出てくるわけです。

大川紫央　そうですね。宏洋さん本人は、「自分は青学法学部に行ったから、後継者にはなれなかった」と思っているはずです。実際は、総合的な仕事力や人格を先生や周りから見ら

郵便はがき

料金受取人払郵便

赤坂局
承認

7468

差出有効期間
2021年10月
31日まで
(切手不要)

1 0 7 - 8 7 9 0

112

東京都港区赤坂2丁目10−8
幸福の科学出版(株)
愛読者アンケート係 行

ご購読ありがとうございました。
お手数ですが、今回ご購読いただいた書籍名をご記入ください。

書籍名

フリガナ お名前	男・女	歳
ご住所 〒 都道府県		
お電話( ) −		
e-mail アドレス		
ご職業 ①会社員 ②会社役員 ③経営者 ④公務員 ⑤教員・研究者 ⑥自営業 ⑦主婦 ⑧学生 ⑨パート・アルバイト ⑩他( )		
今後、弊社の新刊案内などをお送りしてもよろしいですか? (はい・いいえ)		

愛読者プレゼント☆アンケート

ご購読ありがとうございました。
今後の参考とさせていただきますので、下記の質問にお答えください。
抽選で幸福の科学出版の書籍・雑誌をプレゼント致します。
（発表は発送をもってかえさせていただきます）

1 本書をどのようにお知りになりましたか？

① 新聞広告を見て ［新聞名：　　　　　　　　　　　　　　］
② ネット広告を見て［ウェブサイト名：　　　　　　　　　　　］
③ 書店で見て　④ ネット書店で見て　⑤ 幸福の科学出版のウェブサイト
⑥ 人に勧められて　⑦ 幸福の科学の小冊子　⑧ 月刊「ザ・リバティ」
⑨ 月刊「アー・ユー・ハッピー?」　⑩ ラジオ番組「天使のモーニングコール」
⑪ その他（　　　　　　　　　　　　　　　　　　　　）

2 本書をお読みになったご感想をお書きください。

3 今後読みたいテーマなどがありましたら、お書きください。

ご感想を匿名にて広告等に掲載させていただくことがございます。ご記入いただきました個人情報については、同意なく他の目的で使用することはございません。

ご協力ありがとうございました！

れているだけのことなんですけど。
　おそらく、「咲也加は東大法学部ではないのに、なぜ後継者になれたんだ？」ということを考えて編み出した咲也加さん像なんだろうというのはよく分かりましたね。

大川咲也加　**「東大早慶以外は大学ではない」**（八三ページ）と言われたとありますが、私は、それを聞いたことがないんですよね。

大川隆法　言ったことないですから。

大川紫央　もし、宏洋さんが東大を出ていたら、彼はそう言うのかもしれません。

大川咲也加　宏洋さんは、けっこう学歴のことを言いますよね？　意外と言ってくる感じがします。

大川裕太　建設会社に入ってから、そのくらいの学歴でなければ課長以上にはなれないことが分かったようです。

大川紫央　そうなんです。建設会社に行ったあと、私たちとは疎遠《そえん》だったのですけれども、一回、「バケモノの子」という映画を観たあと、帰ってきて、「映画っていいな」「映画をつくりたい」というようなことを言い始めてはいたんですよ。

その建設会社に行って、なぜ、勉強を頑張って東大など学歴があったほうがいいのかがよく分かったようです。「僕は、このまま会社にいても、部下なしの課長までしか出世はできない」というようなことを言っていました。また、「来年は地方に行かなければいけないし」というようなことも言っていたのです。

大川隆法　そこの歴代の社長に東大卒が多かったということでしょう。まあ、それを知ったということですね。

大川紫央　本人は、おそらく、「勉強を頑張ること」イコール「幸福の科学のなかだけが極端な学歴主義」だと思っていたようです。ただ、世間に出たらそうではないだろうと、どうやら、大学卒業以降も思っていたらしいのです（笑）。でも、世間一般の企業に就職したら、世間のほうがより、「学歴である程度決まるのか」ということを実感したんだろうと思います。

どの子にも同じように、愛情深く、期待をかけていた大川隆法総裁

転法輪蘭　この本のなかに、咲也加さんのことについて、「私立の名門・豊島岡《としまがおか》女子からお茶の水女子大を出ました。しかし隆法の関心は男のきょうだいにばかり向くので、自分にいつ注目してくれるのか、溜め込んだ鬱憤《うっぷん》は大きかったと思います」（一〇九ページ）と書いてあるのですが、咲也加さんは、そんなことはまったく思っていなかったですし、また、総裁先生の関心が男きょうだいばかりにあったわけでもありません。

総裁先生は、本当に、どの子に対しても平等に関心はありましたし、同じように愛情も注いでいました。

これは逆に、宏洋氏が、「先生が自分にいつ注目してくれるのかな」と思っていたのではないかと感じました。

また、真輝さんのところでも、**「真輝は小さい頃から、父親の期待が薄い息子でした」**（一一六ページ）とあるんですけれども、これも、まったくそんなことはないなと私は思っています。

先ほども述べたのですが、総裁先生は、どの子にも同じように期待をかけていたので、真輝さんだけを取り上げて「期待が薄い息子」と言うようなことはないと思いました。どの子にも本当に愛情深く見ていらっしゃったので、これは、本当に、宏洋氏の間違った考えなのではないかなと感じております。

大川咲也加　今お話が出た一〇九ページで、ついでなのですけれども、私が生まれたときのエピソードで、**「予定日を過ぎて、かなり大きくなってから生まれてきたので、顔がブクブクだったらしいのです。秘書の方が『総裁先生にそっくりですよ』と言って抱かせようとしたら、隆法は『うわぁ、やめてくれよ。こんなのと一緒にしないでくれ』とすごく嫌がったといいます」**と書いてあるんですが、総裁先生はそんなことを絶対に言わないですし、むしろ、「自分に似てしまって、将来、お嫁に行けなかったらどうしよう」と心配してくださったという話もしていたと思います。

●**自分に似てしまって……**　心の指針182「娘が母になる時」（月刊「幸福の科学」2020年2月号掲載）参照。

どちらかというと、「自分に似て、どのように成長するのか」というところを心配されたのかなと、私は思っていまして。「こんなのと一緒にしないでくれ」とか「抱っこすることを嫌がる」とか、そういうことではないと思います。総裁先生は、そういうことを言われる方ではありません。

大川隆法　それは宏洋の言葉でしょうね。

大川咲也加　ああ、宏洋さんの言葉ですね。

大川裕太　逆に、総裁先生は「太っているほうがかわいい」とおっしゃってくださいますよね、わりと（笑）。

大川隆法　（笑）まあ、いろいろです。

黒田由紀　総裁先生はよく咲也加さんの歌を歌っていらっしゃって、かわいいという感じでした。「さーや、さや、咲也加ちゃん」と口ずさんでいらっしゃるのをよく聞いておりました。

子育ての負担は宏洋氏の十分の一だった真輝さん

黒田由紀　先ほどの真輝さんに関しての記述で、一一六ページの**「真輝は小さい頃から、父親の期待が薄い息子でした」**というところについては、小さいころ、リビングにいらっしゃってても物静かなタイプの子だったのです。上の子（宏洋氏）と下の子（裕太さん）のほうがアピールが上手でしたが、真輝さんに対して期待が薄いというわけではありませんでした。

習い事も平等にいろいろとさせてもらって、選んでいらっしゃったと思いますし、コツコツと努力するところをすごく認められていらっしゃったので。

大川隆法　みんなで出かけるとか何かのときに、遅れてくる人などがいると、宏洋だったらギャーギャーと怒り出すけれども、真輝は一人でじっと待っているタイプでした。何も言わないで待っているタイプだったのです。

宏洋の次に咲也加が生まれたとき、咲也加になると子育ての負担が四分の一ぐらいになった感じがあったのですが、真輝のときには十分の一ぐらいまで負担が減ったので。影が薄いというよりは、本当に手がかからなかった子だったのです。

大川咲也加　真輝さんは、もちろんすごく期待されていたと思いますし、今もそうです。繊細《せんさい》ですごくお優しいところや細やかな感性をお持ちで、宏洋さんのことを傷つけないようにいつも気遣うところがあるので、「唯一、真輝とは話が通じる」と思っている可能性はあります。

大川隆法　やはり、宏洋の小学校時代と真輝さんの小学校時代の対比がいちばんはっきりしていて、「こんなに違いがあるのか」と、私たちのほうがショックだったぐらいです。

真輝さんは小学校一年生のときに、咲也加さんの小学校四年生の四谷大塚《よつやおおつか》の試験を一緒に受けて、算数は百点で一番、総合でも最上クラスに入ったぐらいなので、宏洋の頭脳とまったく違ったわけです。あのときは、「どこまで行くんだろう」と本当に思っていましたね。

一方、宏洋は、その段階でもう終わっていました。

例えば、宏洋が小学校三年生か四年生ぐらいのときに、藤井幹久《ふじいもとひさ》さん（現・幸福の科学理事兼宗務《しゅうむ》本部特命担当国際政治局長）が勉強を教えていました。四谷大塚の受験問題で四年生の国語を解いているときに、読んでいて文章が分からないので、二人して「分かんないよね」と言って、「大」の字になって寝ているのを見たことがあります。

私は、「二人して寝ていて、どうするの？」と言った覚えがあるけれども、「だって、分かんないんだもん」というような感じでした。四年生ぐらいになったら、もう難しい文章なんて読めなくなっていたわけです。

真輝さんは小学校一年生で、その問題をパーッと解いたんですね。それで、ちょっと違いを感じました。

愛理沙さんに対する宏洋氏の悪意

酒井太守　では次に、一二六ページの愛理沙《ありさ》さんについての記述「（過去世《かこぜ》が）**九尾の狐に変更されたようです**」についてなんですけれども、本人がいないので、代わりに私が一言言っておきたいのは、愛理沙さんの過去世が「九尾の狐」ではないということです。

大川咲也加　宏洋さんは映像関係のほうに興味があって、愛理沙さんと興味・関心が被っていたので、余計、愛理沙さんに関しては恨みがましく思っている節がありました。
一二三ページには愛理沙さんが自主製作映画を撮っていることについて、「**学生の自主制作であっても、人に観せられるレベルではありませんでした**」と書かれていますが、学生の自主製作をあえてここであげつらって誹謗中傷《ひぼうちゅうしょう》する必要はありません。

大川隆法　愛理沙は、まだ独身ですね。

大川咲也加　結婚していません。

大川隆法　まだ独身です。
これはまだ発表していないのかもしれませんが、愛理沙は幸福の科学職員にはならず、一流大学の大学院に進学を決めていて、四月から大学院に行く予定になっています。
いちおう、映画製作にかかわる専門知識を教えてもらえる所に行って、最低二年はカメラ関係を中心に勉強する予定です。「何か専門職的な知識と技術がないと、生き残れなくて危ない」と感じたらしいので、そういうことを勉強しに行くようです。

本人がゴーイング・マイ・ウェイでやっているので、こちらはもう何も言わなかったんですけれども、そういうつもりのようですので。まあ、彼女なりの考え方があるんでしょうから。

九歳下の妹と競争する宏洋氏の「大人気なさ」と「共感力のなさ」

大川真輝　一点だけ言っておきたいと思いますのは、宏洋氏は、「幸福の科学から宏洋氏に対して言ってきたことで、自分の仕事に影響が出ている」ということを主張して、「仕事の邪魔になっている」というようなことを言っているようですけれども、実際、愛理沙さんが将来、映画系の仕事をすることだって十分にありうるわけです。そのときに、宏洋氏のこの本の内容が彼女の仕事の妨害になる可能性も十分ありえることなので。

「自分がされて嫌なことを、まったく分からないで他人《ひと》にやってしまう」という、この「共感力のなさ」というか、九歳下の妹に対して、こんなことをやっているわけです。

大川隆法　競争したのでしょう。

大川真輝　この「大人気なさ」と「共感力のなさ」というのは、ちょっとひどいかなと思いますね。

大川隆法　愛理沙の場合は、千眼美子さんが出演した映画「僕の彼女は魔法使い」（製作総指揮・大川隆法、二〇一九年公開）にプロデューサーで入っていたけれども、私から作品について修正要求を出してそうとう直されたので、ちょっとショックを受けてはいました。

「もうちょっと専門的な勉強をしなければならない」ということで、次の映画「心霊喫茶『エクストラ』の秘密―The Real Exorcist―」（製作総指揮・原作 大川隆法、二〇二〇年五月公開予定）あたりから、「私はいないほうがいい。やはり、邪魔になってはいけないから」と言って引いていったのです。「ちょっと留学するか、上の大学院に行くか」ということで、勉強に入っていきました。

まあ、留学面の考えもちょっと出して、海外の大学にも合格していたようですけれども。

当会の幹部の斎藤哲秀《さいとうてっしゅう》さんが行った一流の芸術大学ですね。日本でいちばん入学するのが難しい芸術大学の大学院に行って、映像を撮るための専門の勉強をするとのことなので、もしかしたら、作戦がうまく当たれば力になるかもしれません。

「ストーリーや演技力等では、自分はあまり力を発揮できない」と思っているようですね。「何か技術的なところで、もうちょっと協力できるようにならないか」ということで、今、勉強しようと考えているところです。

まあ、親の評価は五分五分で、まだどちらとも言えないですね。これが吉と出るか凶と出るかは分かりませんし、幸福の科学のメディア事業を手伝えるか、そのレベルまで行かないかも、まだ分かりませんけれどもね。

いちおう、現状はそういうところです。

宏洋氏には「大人の冗談」が通じない

大川紫央　あと、一二五ページで、「隆法が、私の知っている男性職員を気に入って、愛理沙と結婚させようとしたことがありました」と書かれていますが、これはないですね。

大川隆法　何ですか、これは？　誰ですか。

酒井太守　何か宏洋氏から聞いたことがありますか。三觜さんでしょう？

大川隆法　三觜さん⁉　これは三觜さんのことですか。

大川咲也加　そうですね。宏洋さんがそう主張していました。実際には、総裁先生が男性職員と愛理沙を結婚させようとしたことはありません。

酒井太守　「宏洋氏」が三觜さんと結婚させようとしたんでしょう？

三觜智大　宏洋氏から「そういう話があるので、気をつけてください」という話をされて（苦笑）（会場笑）。いや、もう何の根拠もない話だと思っていたので。

大川隆法　要は、ちょっとほめたら、彼はすぐにそういうことを言うのです。「三觜さんって、なかなかイケメンじゃないか」と言ったら、すぐにそうなるんですよ。

三觜智大　いえいえ（苦笑）。

大川隆法　あと、宗務本部の秘書で、運転手をしていた人に、「家族と一緒に食べないか」と誘って、夏に山のほうの出先でたまたま、私の家族と一緒にそばを食べたことがありました。ところが、それをお見合いと勘違いしたのか、あとでそういうことを言われたこともあったのです。まあ、若い人の気持ちは非常に不安定なので、「大人の冗談」がなかなか通じない部分もあるのでしょう。

宏洋に三觜さんのような人間としての対応能力があったら、今、彼は生き残っていますね。残念です。半分でもいいから、分けてやってくれたら……。

上手ですよ。やはり、大したものです。それは勉強だけでできるものではありません。性格の問題だし、キャパシティーの問題だろうと思います。うまいですね。対応能力がすごく高い。

酒井太守　まあ、こうやって書いて、先生のせいにしているわけですね。

大川隆法　そうか。彼だったのですか。

いや、もしかしたら、どこかで「ああ、三觜君とかいいなあ」なんて言ったかもしれませんが、私は覚えていないので。すみませんね。それは覚えていないです。

三觜智大　まったく根拠のない話だろうなと思っていたので僕は全然気にしていなかったというか。ただ、何人かほかの人にも愛理沙さんとの結婚の話を言って、ほかの人を心配させて……。

大川隆法　いや、その程度のレベルであれば、林紘平さんにも、「宏洋と結婚したらいいんじゃないか?」という冗談を、普段言ったことはあります(会場笑)。「ご飯をつくってくれるし、実にいいじゃないか」「もしかしたら相性はいいんじゃないか?」などと言った覚えはあります。

酒井太守　それは聞いたことがありますね。

大川隆法　ご飯をつくってくれて、掃除もしてくれて、片付けもしてくれるなら、もう女性の奥さんは要りませんよね？

酒井太守　（笑）

大川隆法　いや、ありがたい話でしょう。そのようなことを言ったことはあるかもしれません。ただ、そういうのは冗談の範囲なので。私も、たまにはそのくらいのことを言うことはあります。それは許してください。全部が説法《せっぽう》ではありません。

酒井太守　はい。ありがとうございます。

第二章　教団運営の「捏造《ねつぞう》」への反証

※座談会参加者については、第一章と同一

1 「粛清」について検証する

〝粛清〟していたのは宏洋《ひろし》氏のほう

大川咲也加　『幸福の科学との訣別《けつべつ》』の一三一ページあたりには、私が弟二人を粛清したようなことが書かれているんですが、宏洋《ひろし》さんは「粛清」という言葉の意味が分かっているのでしょうか。「殺す」とか「抹消する」とかいう意味なんですけれども。中国や北朝鮮の体制のようなイメージにしたいのだろうと思うんですね。

酒井太守　**「真輝も粛清に遭ったらしいという話を聞きました」**（一三一ページ）などと書かれていますね。

大川隆法　〝粛清〟は、宏洋のほうが得意なのではないですか。

大川咲也加　宏洋さんは、嫌いになった人を、本当にケチョンケチョンに切るところはあります。

酒井太守　みんな経験していると思うんですよね。メディア文化事業局にいたときにも、〝粛清〟していましたので。

大川隆法　言うことをきかないと、その人のクビを切るんですよね。

幸福の科学を「既存の政党並みの団体」に見せようとする嘘《うそ》

酒井太守　この一三一ページでは、咲也加さんに対して、「この裏でどういう力が働いたか想像すると、後継者の最有力とされている長女の咲也加が、昔から犬猿《けんえん》の仲で、なおかつ総裁が一番かわいがっていた裕太を早めに潰すために動いたのではないかと思われます」「プライベートで問題を起こしたタイミングを利用して消しておこう、という政治的な判断を働かせたのでしょう」という記述が出てきています。

大川隆法　もう、自民党並みだ。

大川咲也加　私に人事の決定権はないんですけれどもね（苦笑）。

酒井太守　（笑）

大川咲也加　私は、もう本当に、むしろ、裕太さんのことをもう少しいろいろ相談に乗ったりしてあげたかったけれども、お互い大人になって、家庭も別になって、お話しできる機会も減ってしまいました。

ですから、裕太さんには「もっと、いい方向で成長していってほしい」と思っていますし、「誰かを潰したい」とか、そういうことは考えたことがないですね。

「咲也加副理事長が粛清している」というのはまったくの的外《まとはず》れ

酒井太守　近くで見ていた武田さんとしては、〝粛清〟政治が行われていたのかということについてはどうですか。

武田亮　いや、「咲也加さんが〝粛清〟した」と聞くと、もう、「はあ？　何を言っているんだろ？」という感じですよね。

まず、人事については、教団組織の判断として人事局によって行われただけです。

それは大川家のお子さんであっても、幸福の科学の職員として社会人となり、さまざまな立場が与えられたときには、ほかの職員と同じように、仕事面や修行《しゅぎょう》面における公平な評価がなされるということです。

総裁先生は、公私のところをきちんと分けられているし、一人ひとりを修行者として見られているところもあります。宏洋氏は、「社会人になったら、子供時代の感覚から脱皮しなくてはいけない」ということが分からなくて、こんがらがっているのではないでしょうか。

ほかのきょうだいは、各人それぞれかもしれませんが、「社会人」や「出家者」としての理解を深めつつ、修行に取り組み、頑張っているところだと思います。

先ほど、総裁先生が、人事異動について「一人ひとりに新しい経験を積ませて幹部を養成している」とおっしゃられたように、当会の人材教育メソッドそのものでもあるので、咲也加さんが粛清しているなどというのは、まったくの的外《まとはず》れです。理事長も経験させてもらったはずなのに、教団の肝心なことは理解できなかったということです。

大川隆法　むしろ、単に、仕事ができるようになったということですよね。宏洋がやっているように見えましたが、いなくなったら、仕事がどんどん進み始めたのです。

これは、むしろ、「中心には咲也加がいる」ということですよね。咲也加は、俳優はしていないかもしれないけれども、脚本を書いたり、歌を歌ったり、編曲したりと、宏洋がしたかったことを全部できているのです。まあ、私も驚いているほうではあるのですが、彼にはできなかったですね。

宏洋が、大学時代に映画「仏陀再誕」等に手を出したとき、「曲が駄目だ」ということで、B'z《ビーズ》を半年間以上追いかけ回して、「B'z にエンディングの曲をつくってもらうんだ」というように言っていました。私がつくった曲では「全然駄目だ。話にならない」と言って、B'zを追いかけていたんですけどね。

でも、彼にも、「夏休みがあるから、一曲ぐらい何かつくったらどうか。作詞ぐらいはできないのか」と言ったら、「作詞なんて、プロでなきゃできないんだから、そんな簡単に言うもんじゃない」というようなことを言って、四十日かかっても何も書けなかったんですよ。

ですから、そういうときだけ、妙に、世間で評判のよいものを「いいんだ」と見るところがあると思うんですよ。もちろん、B'zにも実績はあるのでしょうが、B'zの曲を当会の映画に入れたところで、おそらく、何も響くものがないでしょうから、それは全然違うんですけれどもね。

まあ、そのようなこともありました。

「宏洋さんも人の気持ちが分かるようになれば、よい作品が書けたのに」

大川咲也加　私が映画の脚本を書かせていただいて思うのは、当会の脚本を書くときに大事なことは、「人の気持ちが分かるか」ということと「幸福の科学の仏法真理《ぶっぽうしんり》を正しく理解しているか」ということの二点だと思うんですよ。

私は、たまたま、人に興味があって、わりと普段から、「こういうとき、どう考えるんだろうなあ」というように、人の気持ちを考える癖《くせ》があったので、書きやすいところはあったのかなと思います。もちろん、まだまだ未熟なので、成長途中ではあるんですけれども。

そのように、私が宏洋さんができなかったところをさせていただいているところはありますが、やはり、「宏洋さんも人の気持ちが分かるようになれば、もう少しよい作品が書けたのにな」とは私は思っています。

あと、宏洋さんは幸福の科学の仏法真理を斜めに見ているので、「当会として上映できるレベルの脚本がいつも上がってこない」という問題があって、組織としても受け入れられないところがありました。

他の弟子二名におかれましては、私と違う強みを持たれていると思いますし、お二人のことは、頼りにしています。真輝さんも裕太さんも優秀であることが本当にうれしいですし、手伝いたいと思ってくださる方がいれば、一人でも多くのきょうだいと一緒にやっていきたいなと思っています。

2　教祖殿・大悟館《たいごかん》の真実

「男性秘書は入れない」は嘘《うそ》

大川咲也加　ちなみに宏洋《ひろし》さんの本に、大悟館《たいごかん》には女性スタッフのみで男性スタッフは入れないところがあるように書いてあるのですが、私たちもご飯を食べるときに入ったり、男性秘書も入ったりしています。

本の配架《はいか》などいろいろ必要なことがあるので、女性しか入れないといった印象操作は、本当にやめてほしいです。

木村智重　男性秘書も必要に応じて、図書館の本の配架等は、時間を決めて入ることはあります。けれども、勝手に総裁先生のお部屋に行き、「今、こういう問題があります」とか、「こういう書類が総合本部から送られてきました」と相談することはないです。

宏洋氏は、この本で一生懸命、普通の家と同じような感じで書いて、そして、「普通の家じゃないんだ」っていうことを言っているみたいですが、そもそも、大悟館そのものが、地球上、九次元大霊との最も重要な交霊場です。霊降ろしの場ですから、彼の発想そのものが間違っていると私は認識しています。

したがって、先生が九次元大霊と話していらっしゃるときは、誰であっても入りません。当時は、実母のきょう子《こ》さんも「怖くて入れない」と怖がっていました。

私も、総裁先生が霊降ろしをされているときに誤って入ってしまって、「あっ、今されている」と思って、パッと出たこともあるんですけれど、そういうときは、磁場が、人がいるのに、静かになるんですよ。この、「鎮《しず》まるという感じ」ですかね。総裁先生がいらっしゃるはずなんだけど、霊降ろしをされているときの磁場というのは、本当に「鎮守《ちんじゅ》の森」のような雰囲気で、静かーな静寂が流れているんですよね。こういうところで霊的な環境を護っているからこそ、いろいろな法が降りているのです。

ですから、ここは死守すべきだし、女性だけが入れるという言い方をしていますが、女性であっても入れないですよ。いくら巫女《みこ》的な能力があっても、そう簡単に入れるものではないという認識を持ってもらったほうがいいですね。

喜島克明　そうですね。こういう言葉は本当に使いたくないですけど、宏洋氏がYouTube《ユーチューブ》で、「女性秘書は体《てい》のよい、キャバクラみたいなもんだ」みたいなことを言っていましたけれども、それとはまったく違う、本当に静かで神聖な、厳《おごそ》かな雰囲気というものがあります。事務的なことは必要があったときに限られ、例えば、先生がお食事中の時間に立ち入り、必要最低限のことをササッとやって出ていました。

村田さんは、どうですか。

村田堅信　はい。木村さんも言葉を選んでおられたと思うんですけれども、基本、そういうかたちではあるのですが、総裁先生から呼ばれたときには伺うということは、たまにありました。

木村智重　それはありましたね。二人で伺ったときも、何回かありましたから。

宏洋氏が勝手な振る舞いをしても、総裁は静かに受け止めていた

村田堅信　また、食事のときなどに入らせていただくという話もありましたけど、一日のなかで、ある程度、「先生が本を読まれるとき」「一服されるとき」のような一つのサイクルがあって、そのサイクルを見計らって女性秘書もお茶出しをしたり、あるいは、何か案件があったらそれを持っていったり、そういうふうにやっていました。

木村智重　だから、宏洋氏がメディア文化事業局に所属していたときなどに、先生に直談判《じかだんぱん》していたと聞きますが、これはもう普通はないことです。それを静かに受け止められて話を聴いてあげたり、相談に乗ってあげたりされるっていうのは、通常の弟子《でし》ではありえないことなので、総裁先生がどれだけ宏洋氏に期待をかけていたか、あるいは育てようとされていたか、配慮されていたかっていうことです。

わりと自由にポンポンと直談判して、「私は総裁から、直接オーケーを取ってきた」とメディア文化事業局内でいろいろ言っていたと聞いていますけど、そういうことは「ありえな

い」し、そこに「甘え」があったであろうし、むしろ、それを許されていたことこそ、総裁先生の親としての慈悲の表れではないかなと私は感じますね。

大川咲也加　宏洋さんが総裁先生のスペースに入っていったことについて、私が覚えていることで一つ……。朝方五時ぐらいに来て、意見状か嘆願状《たんがんじょう》みたいなものを先生の寝室前に置いていったことがあります。

前日に、三国志の舞台「俺と劉備《りゅうび》様と関羽《かんう》兄貴と」で、「宏洋さんが映画『君のまなざし』に続き、また主役でやるのはどうなのか」という話が出ていたんです。宏洋さんは、どうしても主役の張飛《ちょうひ》役をやりたいと言っていたのですが、先生は、「毎回主演もやって脚本もやって、全部一人でやるのは自作自演のようでよくないから、今回は遠慮しなさい」というふうにおっしゃっていたんです。

けれども、それに対して、「大川宏洋が三国志で主演をやらなければならない理由」みたいなことを文章に書いて、朝方、寝室前にそれを置いて、前日に決まったことを引っ繰り返そうと目論《もくろ》んで……。

結局、先生がまたお話しすることになり、「どうしてもやりたいんで、やらせてください」という感じで訴えて、結局、結論を覆《くつがえ》す、というようなことは、けっこう日常茶飯事《さはんじ》でやっていました。

3 女性秘書の真実

幸福の科学で女性の幹部が多く登用されている理由

大川紫央 あとは、総裁先生の女性関係について書いています。大悟館《たいごかん》の総裁先生と私でいさせていただいている所には、基本的に、女性の方にお茶等を持ってきていただいております。私生活と仕事場がかなり一致していますので、「そこに男性が来られても……」というところはあります。女性の私でも、やはり女性に来てほしいです。男性だと、どうしても実務面の仕事の話をしないといけない雰囲気になります。私生活や霊降ろしはくつろいだ空間が必要なのですが、それには女性のほうが合いやすいです。先生の霊的な体質が分からない方には本当に分からないかもしれませんが、やはり女性陣がいて、女性陣に来てもらわないと、普通に生活しづらいところは多分にあります。この感覚が分からない方には分からないかもしれませんけど。

●本を読んで見つけた話ですが、ジョン・レノンも霊媒《れいばい》体質で、「曲を降ろしている」とい

●本を読んで……　『ジョン・レノン　ラスト・インタビュー』（ジョン・レノン／オノ・ヨーコ著、中央公論新社）参照。

うところがあったようです。

生前、ジョン・レノンは、「ぼくの本当の喜びは、霊媒みたいに憑かれた状態でいることなのさ。ぼやっとすわっている時に、夜中かなにかにいきなり来ることもあるし、来てほしくない時に来ることだってある——それが一番ぞくぞくするようなすごいことなんだ。そこで、ぼくが横になっている時にいきなり歌が完全な形で、歌詞も節もやってくる」と述べています。

これは、先生のスタイルにも一部とても近いところがあります。ソファでくつろいでいるときに、突然、霊が来るんです。この間も、周恩来《しゅうおんらい》が突然来ましたし、また、グスタフ・マーラーさんが来て突然歌を歌い始めて、「これは音楽だったんだ」みたいな霊言《れいげん》が録られたりしています。ジョン・レノンさんは個人仕事だったので、お家のなかでもまだできたと思うんですけれども、先生のお仕事は、組織化された仕事にまでなって展開しているので、支えるほうも組織化して生活と一体となってお支えをしているわけです。

そういう意味で、巫女《みこ》さんのような女性が近くに来るというのは、そのとおりで、それが仕事なのです。もちろん、欲が出たり、心境が乱れて精神統一ができなくなってきた場合は、転出にもなりますので、女性が遊び半分で修行《しゅぎょう》と仕事をしていると思われたら間違いです。

大川隆法　そうか。「女性の地位が高くなったり、局長になったりするのがおかしい」というのも……。

大川紫央　そうですね。そういうところにも関係していると思います。

お茶を出しに来たときにも、そうは言ってもお仕事の相談をすることもあれば、先生からご指示を頂くこともあります。そういうのを取り継ぐことも、女性の秘書の仕事になってきますので、必然的に女性の幹部も多くはなりますね。そういうスタイルで仕事が回っていますので。

●宏洋本を書かれた宏洋氏をはじめとする男性の方たちには、〝女性にはこういうふうに仕えてほしい〟という願望が何かおありなのでしょうが、宏洋氏を支えるのと、総裁先生をお支えするのとでは、圧倒的に仕事の質も量もやりがいも変わってきますので。それは、お仕えするほうの私たちがいちばんよく分かることなのではないかと思います。

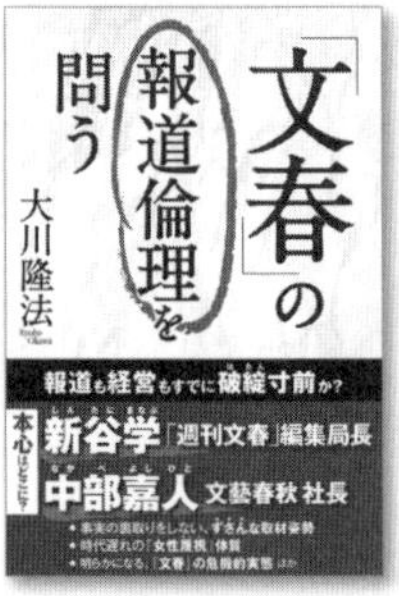

●**宏洋本を書かれた**……　宏洋氏の虚偽に満ちた発言を編集して書籍化した『幸福の科学との訣別』の発行元である文藝春秋についても、根深い女性蔑視の社風が指摘されている。『「文春」の報道倫理を問う』（幸福の科学出版刊）参照。

大川隆法　仕事に付加価値があるから、高くなっているわけです。値段と権力がついているのは、「大事な仕事」をしているからなのです。

武田亮　少し、付け足しをさせていただきたいと思います。

ここ数年は以前にも増して、二十四時間三百六十五日、いつ霊降ろしが始まるか分からない状況です。夜中に始まることも頻繁《ひんぱん》に起きていて、本当に時間を選ばないのです。

対象となる霊も、最近亡くなった方をはじめ、世界各国のリーダーや偉人、悪霊《あくれい》・悪魔、宇宙人までさまざまです。先ほど伺った話ですが、ジョン・レノンも生前、歌のインスピレーションがいつやって来るか分からず、夜中でも、来てほしくないときでもいきなり来るんだということで、それに対して、オノ・ヨーコさんはよく似ていて、同じように一緒に受け止めていたそうです。

ですから、いつでも、あらゆる霊降ろしに対応するためには、総裁補佐のように、一緒にいて、常に先生と心一つに生活されているような方でないと、難しくなってきているのではないかと考えています。実際は、男性はその任に堪えないことがほとんどですが、一部の女性秘書幹部は総裁補佐をアシストすべく、呼ばれて収録に参加することもあります（二十二時以降は総裁先生のご配慮により、女性秘書を呼んで収録することはあまりありません）。

女性秘書には常に霊降ろしに適した環境を維持するため、自らの心境を調えつつ、変化する状況に合わせた臨機応変な仕事が日々求められているのです。

そして今、収録された霊界《れいかい》からのメッセージの数々は、全世界の支部・精舎《しょうじゃ》で上映され、経典《きょうてん》として世界で発刊されたりして、世界の人々に届けられ、人々の幸福と世界の平和・繁栄に役立てられています。大悟館に勤める女性秘書たちは、付加価値の高い聖なる仕事をしているのだということも、併せてお話しさせていただきました。

酒井太守　そのことに関連して、**「宗務《しゅうむ》本部を離れて別の部署へ移っても、彼女たちの高い給料は変わりません」**（四八ページ）と書いてありますが、仕事が変われば僧職給（給料）は変わっていますよね。

大川隆法　下がる人は下がっています。ほかの能力がある人については、そのまま、ある程度、維持している人もいますけれども。

幹部が結婚するときに総裁に報告は入るが、「許認可」ではない

大川咲也加　同じページに、**「宗務本部へ異動になる女性職員は、それまで付き合っていた恋人と別れなければいけません」**と書いてありますが、男性職員も別れています。基本的に、恋愛は禁止です。

酒井太守　それは、宗務本部の聖務《せいむ》の性質上、三百六十五日霊的環境を整えていかなければならないため、男女共、宗務本部に所属している間は恋愛は禁止としていますが、それが無理であれば宗務本部には入れませんし、結婚を希望する方は転出させています。

いずれにしても、本人の選択によります。ただし、宗教では、修道士や修道女など、独身を貫く存在が一定の数いるのは常識です。

大川咲也加　あと、**「女性職員が結婚する際は、隆法総裁にお伺いを立てなければいけません」**と書いてありますけれども。知らない間に結婚されている方はいっぱいいますよね。

幹部が結婚するときには、お伺いではなく、報告が入るときはあるのですけれども、それは女性幹部だけではなく、男性の幹部も入ります。

大川隆法　人事局が報告してきます。

大川咲也加　何だか女性ばかり、すごくフォーカスしています。

大川隆法　月一回の報告のときに、「結婚しました」とか「出産しました」とかいう報告は上がってきますけれども、別に許認可はしていません。

自分の欲のほうが強い人は、宗務本部から出される

大川隆法　それから、宗務の場合は、霊調《れいちょう》管理のところは非常にナーバスですからね。

酒井太守　はい。

大川隆法　そして、大きな行事がある前などに、恋愛で駆け落ち事件を起こす人が、何年かに一回ぐらいいるんですよね。そうすると、けっこう心労します。村田さんもだいぶ経験されたでしょうけれども、日本列島を逃げ回られたりしたら、もう参りますよね。

秘書が駆け落ちして日本列島を逃げ回り、ホテルを転々としているなんて、もう本当に心労して仕事になりません。そういうことが、たまにあるのです。

ですから、「恋愛関係のところは、きれいにしてから来てください」ということです。

そして、「結婚したくなったら出します」ということで、適齢期になったら、いちおう宗務から外へいったん出し、結婚して、いちおうまともに仕事をしながら、家庭もできているようだったら、しばらくして管理職にして戻す。そういうパターンが普通ですね。

ただ、独身時代は働けたけれども、結婚したあとがよくない人は、帰って来られません。そういう人もけっこういます。「奉仕の精神や自己犠牲の部分などを持っているかどうか」「自己欲のほうが強いかどうか」というようなことは、客観的に見てはいます。

自分の欲のほうが強く、我欲のほうが強すぎるような人の場合は、幹部としての適性がないと判定します。ですから、確かに、宗務には、女性で賢い人も入るし、きれいな人が入る場合も多いのですが、「これはもう金魚すくいだ」と思って食いついていくような男性だと、だいたい、幹部資格はないと見て、宗務から出されるのです。それが普通ですね。

大川紫央　宏洋《ひろし》さんもそうでしたけれども、恋愛をしていると、どうしても心が……。

大川隆法　そうそう。グラグラしているのでね。

大川紫央　みなさん、心を掻《か》き乱しているのは事実ですし、実際には悩みも生じると思います。

普通の会社であれば、心のなかで思っていることまでは問われませんけれども、宗務本部になると、心の動きが総裁先生のところにもかなり影響しますので。まあ、それが宗教である理由でもあるのではないかと思っています。

4　僧団運営の真実

お布施《ふせ》への無知と悪質な印象操作

喜島克明　宏洋氏は「お布施《ふせ》のしすぎで家庭が崩壊したり、消費者金融から多額の借金をしてお布施するケースもあります。『お金に関して、こういう事件が起きました』とか『どこそこのリーダー信者さんが離婚しました』という報告は本部へ上がってきます。が、何も対処はしません。教団は、お金が入ってくるか入ってこないかにしか、興味がないからです」（三四ページ）と書いていますが、お布施の意味がまったく分かっていないと思います。このあたりについて、どなたかコメントを頂けますでしょうか。

松田三喜男　お布施は、信仰の対象である神仏に対して、無私にして無我なる念いで捧げられるものです。

信者にとっては、執着を取り去るための大切な修行《しゅぎょう》行為であり、当然のことですが、お布施をされるお一人おひとりの信仰心によってなされる行為なのです。特に、お布施に関しては、布施を与える人である「施者《せしゃ》」と、布施を受ける人である「受者《じゅしゃ》」、そして、布施するものである「施物《せもつ》」の三つが清浄《しょうじょう》であるという「三輪清浄《さんりんしょうじょう》」がなければ布施は成り立たないという教えが、教団内で徹底されています。

ですので、教団が布施を強要したりするということは、ありえません。実際には、お布施によって、家庭や生活が破綻したり、消費者金融から多額の借金をしたりすることなどがないように配慮しており、支部や精舎《しょうじゃ》では経済的な悩みを抱えている方の人生相談も行われています。宏洋氏の言うように、教団は入ってくるお金にしか興味がないというのは事実に反しています。

また、お金についての事件や離婚等に対して何も対処しないかのように書いていますが、そんなことはありません。現場の支部長や本部長を中心に、信者さんの悩み相談や問題解決に力を尽くしていて、難しい案件については、総合本部の関係局が協力し合って速《すみ》やかに対応しているのが実情です。

お布施は強制ではなく、喜びでさせていただくもの

喜島克明　さらに、一六七から一六八ページの、経典《きょうてん》の献本《けんぽん》について宏洋《ひろし》氏が意見をしたということに関して、「隆法は実情をわかった上で、お金さえ入ればいいと考えていたのです」と、さらに「信者さんの家計を圧迫しても、『現世の幸せより、信仰を選んだということ。尊いことです』と、お布施を推奨《すいしょう》するのです」と書いていますが、このあたりについても、どうでしょうか。

大川裕太　植福《しょくふく》については、「主の法が一人でも多くの方に届いてほしい」という思いから、私もさせていただいています。支部長からお勧めいただいて、私も真剣に考えた上で、奉納《ほうのう》させていただくのです。

信者のみなさんお一人おひとりが、ご自身のお気持ちで精進《しょうじん》させていただくもので、「ノルマでお金を出せ」という強制ではまったくありません。「お布施をしたい」という純粋な思いや精進の心が大切です。三輪清浄という教えもあります。

喜島克明　お布施に対しても、こういうでっち上げを言うこと自体が、彼がいかに先生を理解していないか、分かります。先生は、「一生を通して信仰を持ち続けてほしいから、お布施は『広く、浅く、長く』というのが基本です」と、職員にも信者さんにも、教えてくださっています。

彼がいかに教えを勉強し、聞いてこなかったかがよく分かりますし、だからこそ、彼はなりたい二代目にはなれないし、幹部としても残れなかったということだと思います。

大川咲也加　ちなみに、信者さんにいっぱいお布施を頂いたりとか、動員をかけていることを批判するなら、宏洋さんは「仏陀再誕」と「君のまなざし」を、すごくわが物顔で実績として挙げていますが、それも信者さんのお力添えのおかげで成っているものですので、言っていることが矛盾しています。

もし、信者さんのご助力で動員数が伸びていることを批判するのであれば、「仏陀再誕」と「君のまなざし」を、自分の実績として言う資格はありません。

喜島克明　はい。これに関しては、昨日の座談会（『宏洋問題の「嘘《うそ》」と真実』に収録）でも、千眼さんも、「在家《ざいけ》の立場で、給料が五万円のときであっても、お布施させていただくっていうのは、信者にとって本当に喜びなんです」とおっしゃっていたのが印象に残っています。

お布施の喜びというものを宏洋氏も本当に理解して、お布施の意義というものを理解していただきたいというふうに思います。

人の意見によく耳を傾けている大川隆法総裁

大川咲也加　あと、**「教団の中で出世するのは、ロボット的な人です」**（四五ページ）と、最初のほうにも書いてあったと思います。これは、極論といいますか、宏洋さんから見たら、イエスマン、先生に逆らわない人が出世すると言いたいのでしょう。

しかし、上司の言うことをきくのは、社会に出たら当然のことですし、当会はむしろ、個性豊かな人々をいっぱい登用している面白い組織ですので、的外《まとはず》れです。

喜島克明　そうですね。また、四七ページでは「**人事もすべて、降法の思い付きです**」と言っていますけれども、非常に考え抜かれて人事をされていることも、彼がまったく理解していなかったことが、この一行でも分かります。

木村智重　宗教だから、全部、総裁先生が独裁的に決めていると発信し、印象操作したいのでしょう。しかし、総裁先生はよく弟子《でし》の意見も訊《き》かれていました。「木村さん、あれどう思う?」と言って。それで、私も自分の意見をキチッと言うことにしているので、「こういう観点から、こうしたほうがいいと思います」と言ったら、「ああ、なるほど」って、本当に素直に聞いてくださるんですよ。

あるときは、「いや、その案件については、こういう感じの進め方のほうがいいんじゃないでしょうか」と言ったら、「ほう、そういう考え方があるか」って言われて受け入れてくださったので、そのときはすごく畏れ多かったですね。弟子の言うことは、一切聞かんとか、そういう発想は全然ないですよ。

むしろ宏洋君の動きのほうが怖かったですよね。何かあったらすぐ、小さいことでも先生に言って、きょう子《こ》さんに言って、「こんなことやった、あんなことやった」って言って、人が替わっていく。ほかのお子様は、そういうことはされませんでした。宏洋君に関しては、とにかく担当がどんどんコロコロ替わって、傷を負うかたちになります。小さいながら、デモーニッシュ（悪魔的）なところがあって、「この子は少し危ないところを持っているな」と感じさせましたね。私から見ると、専横的で、下を切ってくるような怖さは、小さいときからありましたね。

人事の背景にある深い考えが理解できない

大川真輝　宏洋さんも知っているはずだというファクトとしてお話しします。

先生が思いつきで人事を全部決めると書かれておりますけれど、そうではありません。総合本部の側で人事案を考えますし、必要に応じて総裁先生にお伺いをするというかたちを取っています。

例えば、私がはっきり記憶しているところでは、二〇一六年の五月ぐらいに、宏洋氏が副理事長をやっていたと思いますが、当時、ＮＳＰ（ニュースター・プロダクション）の周りの方々の役職が低すぎるみたいなことを言い始めたことがあります。そこで、「誰々を理事に上げて、誰々を参事に上げて」みたいな人事案を自分で考えて、総裁先生まで上申することが実際にありました。先生からのご指示はなく、自主的にです。

先生からは、そのとき、「ほかの組織の動き方をもっとしっかり見なさい」というお叱りをバシッと頂いたのですが、そのときは、宏洋氏は言うことをきいていました。先生は別に甘やかしたわけでも何でもなく、仕事面では、ずーっと公平に、彼が間違ったら叱っていました。

つまり、幸福の科学の人事システムがどういうかたちになっているのか、先生が思いつきで決めているわけではないということは、彼ははっきりと知っているはずなのです。ですから、これは恣意《しい》的に嘘をついています。

村田堅信　真輝さんや咲也加さんが言われたとおりなのですが、もう一段引いた目で考えたときに、彼の目から「ロボット的な人は出世する」というように見えるということはどういうことなのかを考えてみますと、要は、彼にとっては「ロボットしか必要ない」ということだと思うのです。

結局、彼は、自分が考える理想の世界の実現しか頭にありません。人の心が分からない。

人の考えていることが分からない。人と一緒に何かをしていくことが、まったく眼中にない。そういう人が、総裁先生のされていることを見ると、周りにいる人はロボットに見えてしまうのです。

「人事もすべて総裁の思いつき」という部分もそうですが、特に最近も幹部職員の大きな人事異動がありましたが、こちらの提案は提案として受け止めてくださった上で、「こういう考え方もあるよ」「これどう？」というやり取りのなかで、物事を決めていくわりなのです。

さらに、この「思いつき」という部分ですが、これはやはり、すごくクリエイティブなものが含まれているところがあります。こちらとしても、いろいろと考えるのですが、「そこまでのことは考えつかなかった」というようなことを、ご示唆《しさ》いただいて、初めてクリエイティブなものになっていきます。

彼の目から見ると、それを思いつきでやっているようにしか見えていない。つまり、彼の見る世界はそれだけ狭いし、理解できているところが小さいというか、低いのです。そういう彼自身の世界観のなかで、自分の都合のいいようにねじ曲げて、さらに嘘で塗り固めていったのが、この本です。

加えて、昨日も少し議論になった霊言《れいげん》のところで、「霊言もパフォーマンスだ」と言うわけですが、結局、彼がパフォーマンスで霊言しているんだということだと思うのです。それが彼の霊言に対する理解だと思うんですよ。

つまり、当会で言っている霊言の本当の意味が、彼にはまったく分かっていないということを、この言葉自体が表しています。そのように、何かものすごい異常なフィルターをかけて見た人が、自分の都合のいいようにねじ曲げてつくった本がこれだというように、私は感じさせていただきました。

祈りに対する悪質な印象操作

大川咲也加　幼少期のところで、ちょっと指摘させていただきたいのですが。一五三ページに**「授業参観には毎回、20代前半の女性秘書が来ました。しかも毎回、違う人です。周りの子たちから、『あいつ、おかしいな』という目で見られるようになりました」**とあります。

基本的に授業参観には、担当のおねえさんか、もしくは、実母のきょう子氏が来るはずです。きょう子さんがお忙しいときは、担当のおねえさんが来るという感じでした。もし毎回、担当のおねえさんが違ったというのであれば、宏洋さんがその人たちを嫌って、どんどん人を替えていたという証拠にすぎないのですけれども。

あとは、八六ページですが、麻布《あざぶ》中学を受験したときに、「『落ちてました』という報せがきました。両親は、ものすごく動揺しました。『そんなこと、あるわけがなかろう。あんなにお祈りしても、落ちるのか……』という感じです。『天上界《てんじょうかい》の守護霊《しゅごれい》が、受かると言っている』という話をしていたので、不合格は本当に想定外だったようです」とあります。

しかし、不合格は想定外ではありませんでしたし、「あんなにお祈りしても落ちるのか」と、祈願に意味がないみたいなことを印象づけようとしている気がしますが、基本的に当会の教えには「自助努力の精神」がありまして、「天は自《みずか》ら助くる者を助く」と言いますが、「自身の努力がなければ、天も味方をしない」という考え方です。お祈りをしたとしても、ご本人の学力がなければ、もちろん受かりません。ご本人の学力が届いていないのに、受かるに違いないなんて、そういう浮《うわ》ついた考え方をする両親でも、もちろんございません。

なので、落ちて悲しかったというのはあるかもしれませんが、「あんなにお祈りしても、落ちるのか」みたいな考え方はされません。

当時のことをご存じの方とか、いらっしゃいますか？　お祈りはしていたかもしれないんですが……。

村田堅信　心情的には、教育担当者たちはやっていたのではないかと思いますが、それだけ思いを込めて、面倒を見させていただいていたということだと思います。はい。

福本光宏　応援していましたよ。「今日、宏洋さんの受験だって」と聞いたら、みんな、もう応援していましたよ。

大川咲也加　でも、「あんなにお祈りしても、落ちるのか」とはならないですよね。

大川裕太　これは先生の言葉ということになっていますよね。そんなことは、絶対おっしゃるはずがないです。それは、まるで、イエス様が「天はなぜわれを見捨てたのか」みたいなことを言ったような、そんなことを先生がおっしゃることは、決してありません。

捏造《ねつぞう》の情報を提供した宏洋氏

酒井太守　ほかにピックアップしたほうがいい話があれば。

喜島克明　これは別の雑誌やYouTube《ユーチューブ》などに出ていた話ですが、宏洋氏は下ネタとして、性欲を解消するため、総裁先生からコンニャクを紹介されたと言っています。しかし、このような事実はなく、実際には、宏洋氏が中学時代に、成人雑誌がもとで激怒した実母から彼をかばうために、大川総裁が一般論として、青年男子の性欲について、かつて知り合いから聞いた事例に触れたという話でした。

このあたりの状況について、お教えいただければ幸いです。

大川隆法　それは、確か、何かでトラブルになっていたときだろうと思うんです。それで、きょう子さんから、「男の子の性欲はどんなものか」というようなことを訊かれました。中学生だったか、あるいは高校生だったかもしれないとは思うのですが、「女の子を追いかけ回しているので、どうしたらいいのか」というような問題でしたね。

ここには女性もいるから、すごく言いにくいのですけれども、「男性は、どのくらい我慢できるのか」というような話で、「どうしたらいいんだ」ということではあったのです。

「ずっと我慢はできないのかもしれないけれども、犯罪者にしないようにはしたほうがいい。みんな、犯罪に至らないような方法をいろいろと考えてやっているようだ」という話をしたことはあると思うんですけれどもね。

あと、きょう子さんが心配していたのは、彼に対して、小さいときに、ユダヤ教やイスラム教の割礼《かつれい》に当たることをしてあったからです。

小児科に連れていったら、医者が、「ああ、これは、大人になったときに問題が出ます」と言うので、宗教的に言うと割礼に当たることをやったように聞いています。要するに、男性器を使いやすくするために、「包皮の一部を切る」ということをしてあるということです。

そのため、「早いうちに、大人のような感性になってしまったのではないか」というようなことを、きょう子さんはすごく気にしてはいました。

このへんは、男きょうだいか友達あたりから情報を仕入れたり、週刊誌などで勉強したりすることなのだろうと思いますが、人それぞれなのです。

例えば、私の兄は京都大学に入り、哲学科で学びましたが、大学に入ってから、「男子と女子とがセックスすることで子供ができる」ということを初めて知ったと言っていました。こんな人もいることはいるのです。保健体育の授業で教えてもらえなかったのでしょうね。

それを、雑誌の「プレイボーイ」を読んで知ったのだそうです。「大学に入ってから」というのは、かなり奥手ですが、それは、「うちには、一切、そういう関係のものがなかった」ということでもあるのです。

都会のほうでは、友達や年上の人から、いろいろと情報を仕入れているのだろうと思うので、このへんを、きつくすることと緩めることの関係はとても難しいとは思うのですが、完全に緩めていくと、外の遊びに行ってしまうところまで行きます。

宏洋さんの場合は、独自に友達ルートとか、いろいろ付き合いながら、いろいろな情報を得ていたとは思いますが、この前、出ていたもののなかには、私が聞いたことがない話もあったので。

十四歳のときか十五歳のときか知りませんが、母親と交渉し、「ケータイを取り上げられたら、僕は彼女に電話をかけてデートをすることができない。そうすると、僕は童貞のままで終わってしまうんだ！　友達には、そんな人はいない！」という感じのことを言って、きょう子さんにケータイを買ってもらったようです。

私はこれを知らなかったのですが、きょう子さんに、そんな寛容なところがあって、「彼女を誘うためにケータイを買ってやる」なんてことがあったのでしょうか。

酒井太守 ケータイをご自身でお持ちでしたからね。

大川隆法 ああ、なるほど、なるほど。そのへんについては、私は知らなかったんですけどね。

そのような話が一部あったかもしれませんが、私は、コンニャクを買ってきて何かをしたということは、実績としてはございませんので、それは誤解なきようお願いしたいと思います。

「大学時代に、経済学部の学生で、電通か何かに就職した男が、そんなことを話していた」ということを、宏洋が高校ぐらいのときに言った覚えはあります。

彼が、「コンニャクを買ってきて、布団を巻いてああするんだ、こうするんだ」というようなことを、クラスのなかで猥談《わいだん》風に話していたことがあったので、「こんな人もいる」というような話を、どこかでしたかなとは思いますけれども、自分で実践したことはありません。

「保健体育の教科では、『男の子は、週に二回程度は満杯になって、もう勉強ができなくなるぐらいになる』というようなことがあるから、そのくらいのことは知っておいたほうがいいかもしれない」ということは言ったことはあります。

妄想が膨《ふく》らみ、話を組み立てることがよくある宏洋氏

大川隆法　こんなことだけはよく覚えているんだなあ。雑談みたいなことを。

酒井太守　宏洋氏は、そういうネタが大好きなんですよ。

大川隆法　大好きなんだねえ。私は、全然覚えていなかった。

酒井太守　何かツボがあって、その一言をネタに妄想が膨《ふく》らみ、話が出来上がるんですよね。

大川隆法　なるほど。

酒井太守　これに関しては、下ネタとか、ちょっと普通ではないような話とかが彼は大好きなので、たぶん、関係者のみなさんもどこかで経験していると思うんですよね、それを使って話が組み立てられるのを……。これも、そういう話だと思います。

喜島克明　ありがとうございました。すみません。たいへん言いにくい話で、申し訳ありませんでした。

大川隆法　いやあ、女性がいたので、若干、言いにくい話ではありましたけれども。でも、「その年代の男性には確かに厳しいものがある」というのは、もう、各自がご存じのとおりだとは思います。

私の育ったところは、女性から手紙が来てもいけないぐらいの厳しさでした。電話がかかってくるなんてご法度《はっと》であり、「テレビでキスシーンが映ったら消される」というぐらいの

〝滅菌〟状態でした。

兄は、先ほど言ったとおり、「なぜ子供ができるのか」を大学に入るまで知らなかったほどなので、弟もそう大きくは変わりませんが、さすがに、そこまで後れてはいなかったのです。保健体育等で「おしべ」と「めしべ」の話ぐらいは聞いていたので、多少は知っておりました。

「青学に行ったら、そういう遊びをずっとやるのが普通なのだろう。それで行ったのだろうな」とは思っていました。女子が半分いる学校へは、そのために高校から行ったのでしょう。早稲田《わせだ》高等学院は男ばかりです。男同士というのもあることはあるのですが、若干、難しかっただろうとは思うので、それで女の子がいるところに行ったのだろうと思っています。

田舎の母は、「早稲田を辞めて青学に行った」と聞いたら、「ああ、ああ。あそこ、渋谷《しぶや》で遊ぶところね」と言って、もう、あとは言わなくなりました。

彼については、自分で言っている「後継者だ」ということが、家のなかで言われることはまずなかったのです。そのへんでも、みんな、だいたい見切ってはいました。それが現実です。

喜島克明　ありがとうございました。

お布施の批判をするなら、まずお金を返してから言うのが筋《すじ》

福本光宏　私から、少しお金の面で申し上げます。失礼ながらも、大川隆法総裁先生が変なお金の使い方をしているというようなことを言っていますけれども、彼が今、自由にやっていけるのは、もともとは総裁先生から頂いた財産のおかげで、そのもとは主に信者さんの純粋な感謝のお布施です。

教団にかかわらないほうがいいとか、お布施でどうのこうのとかで、ご本人が訣別《けつべつ》すると言うのであれば、まず、お金を総裁先生なり、教団なりにお戻しをして、それから訣別し、堂々と自分の力でやるのが筋《すじ》です。彼の言葉で言うなら、それが仁義だというふうに私は思います。

大川咲也加　最後にお伝えしたいのですが、一三五ページからの「きょうだいの誰ひとり、幸福の科学を信仰していない」という節で、「信者さん側ではなく、教える側として育てら

れているので、そもそもの立脚点が違うのです。教義を教え込まれるというより、教祖一家としてのブランディングを身につけさせられてきた、といえばいいでしょうか。しかも教団の運営を裏側から見てきましたから、信じるも何もありません」という感じで書いてあります。

そもそも、別のところで「教義を全部叩き込みました」と言っていたのに、「教義を教え込まれてない」などと言っています。言っていることが本のなかで矛盾していますし、いったい何を言いたいのでしょうか。それが一つです。

あと、「将来、人のお役に立てるように努力しなさい」とは言われましたが、私は一信者、一弟子としての気持ちは持っておりましたので、宏洋さんの本のこの部分の記述こそ「そのへんの信者とは違うんだ」みたいなことを、宏洋さんが思っていたことの表れなのでしょう。

また、「教団の運営を裏側から見てきました」とありますが、裏側から何も見ていないはずです。家庭内での父の姿を見ていただけですし、しかも、ほとんど家にいませんでした。すべてを知っているかのように誇張して書く癖《くせ》がありますが、教団の運営を裏側から見てきたとは、とうてい言えません。

今回はすべてにおいて、大川家の異常性と教団の異常性を捏造《ねつぞう》して書いたような雰囲気を感じます。しかし、座談会に出てくださった方々をご覧になると分かると思うのですが、みなさん温かくて優しい方々ばかりですし、養育係の方々も決して虐待《ぎゃくたい》などするような方はいらっしゃいませんでした。本当に優しく温かく育ててくださり、教育面で厳しいときもあったけれども、優しく成長を祈っていただいたという感謝の気持ちでいっぱいです。

こうした誹謗中傷《ひぼうちゅうしょう》によって、今まで宗務《しゅうむ》にかかわられて頑張ってこられたみなさんの名誉も傷つけられてしまったことは、本当にいちばん申し訳ないし、許しがたいと思っております。また、それによって信者さんの心を傷つけ、疑いの心を生ませてしまったところに関して、本当に申し訳ないです。

この兄の愚行を覆《くつがえ》すためにも、われわれ残りし者が精進して、先生の教えの正しさを証明していきたいと思っておりますので、今しばらくお付き合いいただければと思います。

喜島克明　はい。ありがとうございました。

それではお時間となりましたので、以上をもちまして、宏洋氏の本に対する反論座談会を終了したいと思います。本当にありがとうございました。

5　広報局見解――『幸福の科学との訣別《けつべつ》』に対する反論――

本節では、宏洋《ひろし》氏の著書のなかで、当グループの運営面に関する部分を中心に、その間違いや嘘《うそ》、印象操作等について反論します。

「オウム教とほぼ一緒」などというデタラメ

宏洋氏は「大川総裁とオウム真理教の麻原彰晃《あさはらしょうこう》はよく比べられる」旨（一五ページ）述べた上で、**「二人が違うのは学歴くらいではないでしょうか。あとは、ほぼ一緒かなと思います」**としていますが、オウム教は犯罪者集団であり、その親玉であった麻原は、弟子《でし》たちに殺人を実行させ、地下鉄サリン事件等の大事件を起こし、多数の死者と数千人の被害者を出して死刑に処せられた人物です。そのような凶悪犯罪者の麻原と比較すること自体、大川総裁と当教団に対する冒瀆《ぼうとく》行為です。

さらに、幸福の科学は、オウム事件の解決に向けて警察に協力した立場です。警察から、オウム教側には「逮捕状」が出て、当教団側には「感謝状」が出たことからも、その違いは明らかです。

大川総裁は、人類が幸福になるための普遍の真理を説かれる真の宗教家であり、人類の教師です。百カ国以上に千二百万人以上の信者を有する大導師《だいどうし》であり、三千回を超える説法《せっぽう》、二千六百書を超える著書、二十作の劇場用の映画の製作総指揮・原作・企画、百曲を超える作詞・作曲、教育事業、政党の立党など、学歴のみならず、知識や経験、人格、活動総量と社会的影響力や信用等において、まったくの正反対であり、地球最高神としてのご存在です。

神と凶悪犯罪者との違いも分からず、「ほぼ一緒かな」などとする宏洋氏は、善悪の価値判断能力はゼロに等しいと言えます。また、オウム事件当時、まだ六歳の子供だった宏洋氏が、正しく比較できるはずもありません。にもかかわらず、大川総裁を誹謗《ひぼう》することなど許されないことです。

教義と「霊言《れいげん》」「過去世《かこぜ》」に関する理解不足

宏洋氏は「私が幸福の科学と訣別《けつべつ》しようと思った大きな理由として、教義に同意できなかったことがあります。具体的にいうと、『過去世《かこぜ》』や『霊言《れいげん》』に関して、整合性が取れていないと感じたためです」（一五ページ）として、教義に同意できなかった旨述べていますが、過去世や霊言は教義そのものではありません。

当教団の基本教義は、「正しき心の探究」と、その具体化である「愛・知・反省・発展」の四正道《よんしょうどう》であり、愛を与えることの大切さや、仏法真理《ぶっぽうしんり》を学ぶこと、間違ったら反省すること、神仏の願われるような地上仏国土《ぶっこくど》ユートピアの建設を目指すことなどが説かれています。

また、霊言は、霊的世界の存在証明の一環として行われております。霊言のなかで出てくる過去世については、霊人《れいじん》の自己申告であることも多く、ある霊人が主張する自身の過去世が正しいものであるかは、他の霊人の意見等も踏まえ、三角測量的に検証が必要な場合があります。

当教団では、過去世は格付けに使う設定などはありません。過去世が検証された結果、変更されたとしても、宏洋氏が言うような「整合性が取れていない」わけではなく、逆に、霊《れい》査《さ》を進め、過去世を検証し続けていることは、真の意味で実証的だと言えるのではないでしょうか。

さらに、宏洋氏は「大学の開設が不可になって大川総裁が怒ったから霊言を行った」旨

（五七ページ）述べた上で、**「文科大臣（当時）の霊言を行ない、さんざん悪口を言った内容を書籍にしました。さらに、その本を大学設置・学校法人審議会の関係者に送りつけて、怒りを買いました。自《みずか》ら、問題をこじらせてしまったのです」**（同）としていますが、これも宏洋氏の勝手な思い込みであり、事実が異なります。そもそも、設置不可の結論が出る以前から、下村文科大臣の守護霊《しゅごれい》がたびたび大川総裁のところにやって来たため、その霊言を収録して出版しています。

また、大川総裁が怒ったわけでも「怒ったから霊言を行った」わけでもありませんし、この本を「大学設置・学校法人審議会の関係者に送りつけて」もおりませんので、宏洋氏の作り話です。

野田《のだ》元首相の守護霊霊言に関するあきれるほどの作り話

宏洋氏の「野田《のだ》元首相の守護霊霊言前に解散になった」旨（二二ページ）の嘘については、『宏洋問題を斬る』や『宏洋問題の深層』（幸福の科学総合本部編、共に幸福の科学出版刊）に掲載した「幸福の科学グループ公式見解」に一部記載しましたが、野田元首相の解散発言の数時間前に霊言収録が終了しています。

解散発言が二〇一二年の十一月十四日午後三時から国会で行われた党首討論の場で出たのに対し、野田元首相の守護霊霊言が収録されたのは、同日の午前中（十時五分から十一時四十三分）です。よって、宏洋氏が言う**「霊言の収録を行なっていたのは、その日の午後三時頃でした」**（同）は明らかな嘘です。

収録時間が完全に嘘なのですから、宏洋氏が言う**「『誤報話《ごほうわ》』に気が付いた若手職員の一人が、司会進行役の職員に耳打ちをし『エッ、解散したらしいよ?!』となった」**（同）ことなく、**「収録現場は騒然《そうぜん》となりました」**（同）や**「司会の職員は焦って『いや、待てよ。これはもしや野田の「ワナ」かもしれない……！』と狼狽《ろうばい》しながら必死にその場を取り繕っていました」**（同）、**「（大川総裁が）野田総理の『霊』を入れたまま、ただただ黙って冷や汗を流していました」**（同）ということもありません。

当日、司会を務めた綾織次郎《あやおりじろう》理事 兼「ザ・リバティ」編集長（当時）は、「耳打ちされた事実はありませんし、そもそも野田首相（当時）の解散発言は収録の数時間後です。収録は通常どおり、何事もなく終わりました。」と証言しています。

宏洋氏はさも霊言収録前に解散発言があったかのように具体的描写を交えて述べています

が、あきれるほどの作り話です。このときの解散発言は、当時の安倍《あべ》自民党総裁との国会論戦のなかで安倍氏の挑発によって発言してしまったというのは有名な話です。

なお、宏洋氏はこの収録現場に立ち会っておりませんでした。自ら見てもいないことを見ていたかのように嘘を述べているのです。

加えて、そもそも宏洋氏は「本人の霊言」と「守護霊霊言」を混同しており、あたかも野田元首相本人の霊言かのように言っていますが、これも間違いです。

水木《みずき》しげる氏の霊言に関する論評から分かる教学不足

マンガ家の故・水木《みずき》しげる氏の霊言について、宏洋氏は「**『水木しげるです』と言って、両手を身体の前で下げた幽霊ポーズをとりました。水木さんが戦争で左腕を失《な》くされたことは、有名だと思うのですが……**」（二二一～二二三ページ）として霊言が真実ではないかのように述べていますが、これは霊言やあの世に関する知識不足であり、仏法真理をきちんと学んでいなかったことの証左《しょうさ》でもあります。

死後、身体が不自由だった人も天国に還れば自由になり、年老いた人も若返りますし、失くなった腕も元どおりになります。霊体《れいたい》の左腕は失っていないからです。あの世は霊の世界であり、この世の物質世界とは異なりますので、この世の感覚だけで霊の世界を判断しようとすることが、そもそも間違っているのです。

信者に対しても失礼な発言をする宏洋氏

宏洋氏は「**信者さんは霊言を信じているのか？　誰もが抱く疑問でしょう。答えは、『何も考えずに受け入れている』のだと思います。自分では何も決めずに動けるのが、カルト宗教の一番の魅力です**」（二五ページ）としています。

幸福の科学は、霊言集から始まった宗教であり、霊天上界《てんじょうかい》の総意によってつくられた団体ですので、当然ながら、初期に集《つど》った方は、霊言が真実であると自ら確信し、自らの意志で集ってきた方ばかりです。

その後、エル・カンターレ信仰を中心とした教義が確立されましたが、それ以降に当教団に集ってきた方も、「何も考えずに霊言を受け入れている」のではなく、「大川総裁の教えや実績への信頼の下《もと》、『〇〇の霊言』という事実は受け入れつつも、霊言はあくまでも霊人の意見であり、大川総裁の意見ではない」ことを前提として、霊言を拝聴《はいちょう》しています。当然ながら、宏洋氏が「〇〇の霊言」と言って、〝霊言〟と称してやっても、誰も信じる人はいないでしょう。

また、支部や精舎《しょうじゃ》で行われている宗教修行《しゅぎょう》の一つである公案《こうあん》研修では、仏の教えを自ら深く考え、参究する時間を持つことで、深い智慧を得ることを重視しています。当教団は、「知の原理」を大切にし、教養としての仏法真理のみならず、幅広い教養の道を歩むことを勧めており、世間解《せけんげ》（世間に対する深い理解をする立場・人）を大切にしています。「何も考えずに受け入れている」、「自分では何も決めずに動ける」などありえない話です。「智慧の獲得」「悟り」を求めている団体であり、物事を深く考える当教団の宗教修行の基本すら知らない、宏洋氏の無知による誹謗中傷です。

信者数一万三千人という嘘

宏洋氏は「**熱心に活動している信者さんは1万3000人程度**」（三二ページ）としていますが、二〇一七年の東京ドームでの講演では、一日で約五万人が本会場に集まりました。

世界三千五百カ所での中継を含めれば、同日に講演会を拝聴した人数は、その何十倍にもなります。さらに、その後、ビデオ上映やTV放映も繰り返し行われます。

当教団の信者は、ネパールだけで約七万二千人、ウガンダだけで約六万六千人、スリランカで約四万二千人（いずれも二〇二〇年三月時点）に上り、宏洋氏の言っている数字は、当教団の海外の小さな一支部程度の信者数にすぎません。

もし、一万三千人しか信者がいなかったとすれば、当教団の職員数だけでも約二千人おりますので、信者六・五人のうち一人が職員という、宗教団体として存続するにはありえない比率になってしまいます。

さらに、宏洋氏は、過去の当教団のYouTube《ユーチューブ》チャンネル登録者数を根拠に、この数字を言っているのかもしれませんが、幸福実現党のYouTubeチャンネル登録者数は、六・一四万人です。政権与党の自民党のYouTubeチャンネル登録者数五・三六万人や公明党（四・〇八万人）、日本共産党（四万人）（いずれも二〇二〇年三月二十六日時点）を超えていることからも、当教団が一万三千人の信者数ではとうていありえないことが分かるでしょう。

講演会の拝聴者数の誤った認識

宏洋氏は「2019年7月の御生誕祭は、福岡国際センターという5000人程度の会場で開催されました。前の年までは3万人規模の幕張メッセやさいたまスーパーアリーナを借りていたので、都落ちした上にかなり小さい会場です。（中略）12月のエル・カンターレ祭はさいたまスーパーアリーナで行なったようですが、公式発表で1万7000人しか集まっていません」（三二一～三二二ページ）としています。

二〇一九年七月の御生誕祭は、通常、前年に東京周辺の会場を予約するのですが、二〇一九年は、第二十五回参議院議員選挙の日程が決まらなかった関係で、御生誕祭の開催日がなかなか決まらず、会場を予約できなかったという事情があります。そのため、直前になって空いている会場を探した結果、福岡に決まったというだけであり、信者数と関連づける宏洋氏の主張は、まったくの筋違《すじちが》いです。

また、幕張メッセやさいたまスーパーアリーナは、当教団の講演会会場として使用する場合は、そもそも三万人規模の会場とはなりえません。イベントホールや受付、ブース、飲食コーナー等も併設しながら会場設計をする必要があるからです。

二〇一九年十二月のエル・カンターレ祭本会場参加人数が一万七千人であるのは、当日のさいたまスーパーアリーナの最大収容人数が一万七千人だったからであって、宏洋氏による規模縮小の根拠にはまったくなりません。また当日は、三千五百カ所に全世界中継も行っており、宏洋氏が本会場の人数のみで教団規模が小さくなっているかのように語ることも間違っています。

入会制度に関する誤った認識

宏洋氏は、当教団の入会制度の説明をした上で、**「正式な会員になるには、『三帰誓願《さんきせいがん》』という儀式が必要です」**（一三五ページ）、**「この三帰誓願式を受けると『三帰誓願者』と呼ばれ、正式な信者となるわけです」**（一三五ページ）としていますが、信者に、正式な信者とそうでない信者の区別などありません。

大川総裁の教えを信じ学ぼうとする方に、まずは入会を勧め、本格的に学びたいという方には三帰誓願をお勧めしていますが、「入会者」であっても「三帰誓願者」であっても、信者には変わりません。

また宏洋氏は、三帰誓願式に関して、「**職員立ち会いの元で『あなたはエル・カンターレを信じますか?』『信じます』で終わる簡単な儀式です**」(三二ページ)としていますが、三帰誓願式は、「仏・法・僧」の三宝に対して帰依を誓い、経文《きょうもん》を読誦《どくじゅ》する儀式ですので間違いです。このように、宏洋氏は当教団の最も基本的な儀式さえも理解していないのです。

信者子弟《してい》でも入会儀式を経《へ》て信者になる

宏洋氏は「**親が信者であれば、生まれた赤ちゃんはその瞬間から信者です**」(三二ページ)としていますが、親が信者であるからといって、生まれた赤ちゃんがその瞬間から信者になるわけではありません。ゼロ歳から入会式を行うことによって信者になることができます。また、小学校に上がる年の三月から三帰誓願式を行うことによって三帰誓願者となることができます。

ノルマを達成しないとクビが飛ぶという事実はない

宏洋氏は「支部にはそれぞれ、信者獲得のノルマがあります。月に何人という数字を達成できないと、支部長のクビが飛んだりします」（三三ページ）としていますが、支部では、幸福な人を増やすための活動目標はありますが、ノルマのようなものではありません。

不正な信者登録はない

また、宏洋氏が「知り合いに頼んで名前だけ貸してもらったり、架空の姓名を書き込んだり、亡くなった人の名前をカウントし続ける場合も珍しくない」（三三ページ）と語るような、不正な信者登録はありません。入会時には、職員による確認が行われており、もし、そのような不正行為があった場合には、厳しく注意等がなされることになります。

「辞めたら地獄に落ちる」と脅《おど》すことはない

宏洋氏は「『**辞めたら地獄に落ちる**』**と脅**《おど》**されます**」（三四ページ）としていますが、辞めたら地獄に落ちるという教えはありませんし、そのような事実はありません。

「再就職は困難」という嘘

宏洋氏は教団職員が辞めて再就職する際、「**職歴として『幸福の科学職員』が残りますから、再就職は困難です**」（三五ページ）としていますが、事実ではありません。還俗したほとんどの人が再就職しています。再就職先でも活躍され、発展に貢献されて、喜ばれている方が大半です。還俗された方のなかには、経営者として活躍している方や、一念発起して弁護士になった方もいます。

宏洋氏は、そうした事実を知らなかったのか、自身の偏見に基づく勝手な思い込みで、当教団を誹謗しています。

還俗手続きに関する嘘

宏洋氏は「『私は、職員を辞めてもエル・カンターレ信仰を捨てないことを誓います』という条項にサインをしなければ、退職金という名目のお金がもらえません」（三五ページ）としていますが、還俗の際にそのような条項にサインを求めることはありません。

信者さんの高齢化で財政は悪化しているという嘘

宏洋氏は、「信者さんの高齢化で、財政は悪化」（三七ページ）、「当時既に教団の財政状況はかなり悪化しており、10年以内に大赤字になるだろうことは稟議書を見れば一発で分かりました」（一四三〜一四四ページ）としていますが、そのような事実はありません。当教団は無借金経営の巨大黒字体質です。堅実な運営により、堅固な財政基盤が築かれており、宏洋氏の言う「財政悪化」はまったくのデタラメです。当教団の若い信者層には、起業家として成功した方々や、医師、公認会計士、弁護士などの成功者が数多く輩出されています。

むしろ当教団の財政に損害を与えたのは、宏洋氏のほうです。宏洋氏が主演を演じた映画「さらば青春、されど青春。」（二〇一八年公開）のＤＶＤ販売ができなくなったことで、数千万円の損害を与えました。また同映画のロケ中には、座長的な役割を担う主演という立場であり、かつ製作協力会社としてニュースター・プロダクションの代表取締役社長であったにもかかわらず、個人的な都合により、映画の撮影期間中に、数十名規模の舞台の役者としての出演を優先したことで数千万円の損失を発生させた等の理由で、社長を解任されています。

「数百億単位の赤字」という嘘

宏洋氏は**「収入は減っているのに、それ以上に使っているのです。２０１７年は、数百億単位の赤字だったはずです」**（三八ページ）としていますが、これも嘘です。当教団は一貫して黒字経営を続けており、まったく事実に反します。経費の引き締めなどは、一般企業同様に行いますが、信者の方々から頂いた布施を大切に活用するためにも必要なことです。

新しい信者は毎年増えている

宏洋氏は**「新しい信者は入ってきません」**（三八ページ）としていますが、これも事実に反します。毎年、数多くの新たな信者が誕生しています。製作映画は数多くの映画賞を受賞するなど高い評価を得ており、映画ランキングの上位となり、新たなファン層を獲得しています。また、海外百カ国以上で活動しており、世界規模で大きな発展を遂げつつあります。

新たな施設も建っている

宏洋氏は**「2017年から2018年にかけて、全国の施設の約1割が閉鎖されたと聞きます」**（三八ページ）としていますが、事実に反します。これは、経費の高いレンタル物件に入居していた支部・拠点を近隣の自前施設の支部に統合したままでのことです。その数は一割ではなく、約六百カ所存在する国内施設の三十数カ所で、全体の約五パーセントであり、こうした経費の見直しは、どの企業でも日常的に行われていることです。統合した支部・拠点は、いずれ自前の建物を新たに建てることも考えています。

また、この間、新たな施設も建立しており、一例を挙げると、出雲支部精舎やトロント支部精舎、ＨＳＵ未来創造・東京キャンパス、エル・カンターレ生誕館宿泊棟、エル・カンターレ創造館などを建立しています。本年（二〇二〇年）も、福島支部精舎が三月に建立されています。

「教義はオカルト」という嘘

宏洋氏は**「教義はオカルト」**（四一ページ）、**「根拠のないオカルトですべてを理屈づけようとする」**（四三ページ）、**「過去世や宇宙人のせいにしてマイナスの現状を正当化してしまう」**（四三ページ）などとしていますが、事実ではありません。

当教団の教義は、与える愛や反省を始めとする人類普遍の教えです。仏教的精神を根本とし、自助努力の精神を基調としております。転生輪廻やあの世の実在は宗教的真理です。真理の実証として具体的に過去世などを明かしていますが、それで不幸やマイナスの傾向性を正当化することなどはありません。また、宇宙人などに言及するのは、未来社会や宇宙科学を先取りした未来型宗教であることの証左です。当教団の教義は最先端の素粒子論などを超えた未来科学をも含むものです。こうした科学に無知な宏洋氏の妄言でしかありません。

宏洋氏は、**「昔は『原発は地球を滅ぼす』『温暖化は神々の怒りだから、地球を滅ぼす科学技術は廃止せよ』と、むしろ左寄りの主張でした」**（五四ページ）としていますが、「原発は地球を滅ぼす」「温暖化は神々の怒りだから、地球を滅ぼす科学技術は廃止せよ」などという教えはありません。

「医療や科学技術に対して否定派」という嘘

また宏洋氏は**「幸福の科学では、病気平癒祈願を受ければどんな病気も治るとされています」**（四二ページ）などとしていますが、どんな病気も治るという教えはありません。本人の地上人生における魂修行の意味で、人生計画の一部として予定されている病気もあります。病気を通して、人生の目的と使命を悟り、与える愛の人生を生きることの大切さを説いています。

同様に**「医療や科学技術に対して否定派です」**（四二ページ）も事実ではありません。当教団は、医療、科学技術も広い意味での仏神の導きとして肯定し、積極的にその発展を後押ししています。実際に、当教団が設立したハッピー・サイエンス・ユニバーシティには、未来産業学部という理系学部を開設していることからも分かります。同学部は、迫り来る食糧危機やエネルギー危機に対応できるような、食料増産技術や新エネルギーの開発を推進しつつ、それらを支える人材を養成することを目指しています。理系的発想が豊かで、発明やモノづくりに興味関心のある若者が多数集っています。

宏洋氏は**「宗教にとって**（医療や科学技術は）**競合他社に当たるので、お客さんが流れると困る」**（四二ページ）などとしていますが、そのようなことはありません。当教団は、未来型宗教として、宗教と医学が協力して、心と体の両面から病気治療に取り組むことの大切さを訴えています。医療機関を「競合他社」と見なすような考え方は存在しません。その証拠に、信者には医師をはじめ、数多くの医療従事者が存在し、医療と信仰を両立させた真理医療の実現に取り組んでいます。

「教団の中で出世するのは、ロボット的な人」という嘘

宏洋氏は**「教団の中で出世するのは、ロボット的な人」**（四五ページ）としていますが、まったく逆であり、受け身ではなく、判断力や企画・提案力のある人、ロボットとは正反対の個性的な人が幹部や役職者になっています。それぞれ、新聞やTV、広告代理店、金融、省庁など、多様な出自を持ち、実例を挙げるならば、CMプランナー・コピーライターだった喜島克明氏は幸福の科学学園那須本校の校長などを経験し、現在、広報局担当常務理事となっております。「伝説の不良」と呼ばれた与国秀行《よくにひでゆき》氏は現在、広報局部長です。尖閣諸島に上陸したミュージシャンのトクマ氏が幸福実現党青年局長に抜擢されたこともあります。

また、宏洋氏は**「反対に左遷《させん》されるのは、自分の意見を言う人です。（中略）『もっとこうしたほうがいいんじゃないですか？』と口をはさむ部下は、速攻でお役御免となります。（中略）一般の職員さんがそういった言動を取れば、即刻悪魔扱いです。地方や海外の支部に飛ばされるなどして、中枢から外されます」**（四五ページ）としていますが、そもそも、当教団の人事異動に「左遷」という考え方はありません。

宏洋氏は全国の各地に異動することを「左遷」だと思っているようですが、その考え方自体が信者のみなさまに対してたいへん失礼です。現場経験は仕事の幅を広げるために必要なことですし、マネジメントの能力を上げて管理職に上がっていくためにも必要なことです。一般企業でも、現場経験を積ませるために全国各地に異動させることは、当たり前に行われていますので、宏洋氏は一般企業の常識も宗教の常識も理解できてないと言わざるをえません。

また、大川総裁は弟子に意見を求められることも多く、意見を言ったから異動とはなりません。しかし、宏洋氏の、「自分の彼女を副社長にしたい」というような意見や、〝父殺し〟のようなシナリオ案を、当教団として受け入れられないのは当然です。それでも総裁は、他の職員が宏洋氏の意見に反対するなか、なるべく宏洋氏の意見からよい部分を汲《く》み取ろうと努力されていました。

総裁に対して独裁的な印象を与える嘘

宏洋氏は「大川総裁のさじ加減ですべて決まってしまう」旨（四六ページ）を述べた上で、

『お前、明日から給料ゼロな。だけど、30日フルに出勤して働けよ』と言われたら、それが通ってしまう」（四六ページ）とし、さらに、「人事もすべて、大川総裁の思い付き」である旨（四七ページ）述べていますが、**「お前、明日から給料ゼロな。だけど、30日フルに出勤して働けよ」**などといったパワハラ的な言い方は宏洋氏の口調であり、大川総裁がこのようなパワハラ的な言い方をすることはありません。また、多くの人事異動は、弟子で人事案を考え、総裁には事後報告しています。

また、宏洋氏は、**「教団の人事は、昇進も降格も常に一方的な通告です。打診などありませんし、告げられた時点ではもう決定ずみなので、拒否権もありません」**（一四四ページ）とありますが、人事は、適材適所を踏まえつつ、各人の事情に配慮しながら、柔軟に対応していますし、僧職給も、一律固定的なものではなく、その役割や能力に応じて変動していきます。

このように、宏洋氏は、総裁に対して独裁的な印象を与えようと嘘をついています。

女性職員の結婚には許可が要るという嘘

女性職員の結婚について、宏洋氏は、「(大川総裁に)**お伺いを立てなければいけません。許可が得られても、その女性職員の給料は下がり、夫婦ともども出世街道から外れて地方の支部へ飛ばされます**」(四八ページ)とし、さらに、「(大川総裁の)**許可が得られず、独身のまま年を重ねていく女性職員が、だからたくさんいます**」(四八ページ)としていますが、結婚に許可を必要とはしていません。

宗教では、その特殊性から、一定の比率で性別を問わず、独身の修行者が当教団を支えており、その聖なる使命に徹するべく、自ら独身を貫いている方もいますが、結婚については、あくまでも本人の意思が尊重されています。また、結婚して家庭を持った場合は、環境の変化や制限により、聖務《せいむ》へのかかわりや、貢献度も変わってくることがありますので、その場合は、役割は変動しますが、結婚によって一律に処遇が下げられることはありません。

なお、結婚に際し、あらかじめ上司等関係者に報告することは、組織人にとって、一般常識レベルの礼儀としても当然のことです。

幸福の科学の勤務環境はブラックではない

宏洋氏は「**非常にブラック・オブ・ブラックな労働環境だと思います**」（四七ページ）、「**労働時間はまったく管理されていないし、残業手当もボーナスもない**」（三五ページ）としていますが、本来、当教団は、信者の奉仕の精神で支えられており、職員も、労働者ではなくボランティア精神を持って修行する身であり、常時、心の修行と聖務に励んでいますが、そのなかで、生活面や福利厚生などには合理的な配慮がなされており、毎月の僧職給とは別に、修行を補助する一時金も支給されます。また、職員は健康診断を毎年受診しますし、定期的に職場環境や家庭環境をヒアリングするアンケート等も実施しています。そもそも、人間の幸福を目的としている教団のため、人間を大事にしないということはありません。

また、「**一度その給料になったら、ずっと同じ金額を払い続けます**」（四七ページ）としていますが、僧職給も一律固定的なものではなく、立場や実績評価等に応じて変動します。

ビジネスマナーは教えられないという嘘

宏洋氏は「**一般的なビジネスマナーは全然教えられないので、電話の取り方もわからないし、メールの返し方もわからない**」（一四七ページ）としていますが、新入職員には、一般的なビジネスマナーはもちろんのこと、社会人に必要な常識も含め、多岐にわたる研修内容を行っています。

二〇〇九年衆院選に関する印象操作と嘘

二〇〇九年の衆議院選挙で大川総裁が立ち上げた幸福実現党が当選者を出さなかったことに対して、宏洋氏は、「（大川総裁の感想は）『**世の中の人たちの信仰心が足りない**』でした。**（中略）キリストの受難の話です**」（五一ページ）としていますが、これも事実に反します。

幸福実現党は、三百名以上の候補者を擁立《ようりつ》したにもかかわらず、マスコミが政党扱いをせずに黙殺したことも選挙結果に大きく影響しました。

また、大川総裁はこの選挙直後、「伝道未《いま》だし」という言葉で選挙結果を総括し、当教団の伝道、説得力の一層の向上と、理想国家建設に対する信者さん各位のもう一段の奮起を促しています。

しかし、幸福実現党の政策（北朝鮮核ミサイルの脅威や中国の覇権主義に対する警鐘と国防の強化、消費増税反対）が正しかったことは、その後の金正恩《キムジョンウン》による核開発・ミサイル発射の脅威や、消費税を十パーセントに上げた直後からの経済不況の現実化で立証されたと言えるでしょう。その後も、幸福実現党は志《こころざし》を崩すことなく、この国を正しい方向に導き、世界の平和と繁栄をクリエイトするための努力を行っています。

幸福実現党に関する印象操作

また、宏洋氏は幸福実現党の政治活動について、「これ以上やっても無理だと、大川総裁は気が付いているに違いない」旨（五二ページ）述べた上で、**「しかし、現実を受け入れられないのです。本人が二度と立候補しないのがその証拠で、同じ恥はもうかきたくないからでしょう」**（五二ページ）などとしています。

しかし、大川総裁は、現在も幸福実現党の創立者 兼 総裁であり、党のユートピア活動を通して、国師として、この国の未来を照らしています。さらには、中国発・新型コロナウィルスの真相や、香港や台湾に迫る中国の軍事覇権主義への警鐘、ウイグル自治区での強制収容所の問題、日露平和条約の締結や、アメリカとイランの和解など、世界の平和と安定に向けて数多くの提言をしています。宗教家は政治家よりも尊い仕事であり、世界教師として、全世界の人々の未来に対して責任を背負う覚悟であるため、ご自身が政治に進出する予定はありません。実際の政治活動は、党首の責任の下《もと》に行っています。

宏洋氏は、宗教家よりもこの世の権力者である政治家の方が上だと考えて、このような勝手な解釈をしているのでしょう。

学園、HSU（ハッピー・サイエンス・ユニバーシティ）に関する嘘

宏洋氏は、「（幸福の科学学園では）**教義に基づく偏った教育を行なっていますから、学校法人としては大いに問題ありです**」（五六ページ）としていますが、文科省が定める学習指導要領に則った上で、他の宗教系中学・高校と同じように信仰教育をしており、大学受験や

部活動で大きな成果をあげています。また、河川敷のゴミ拾いなど、地域ボランティア等でも貢献しています。

また、宏洋氏は、「（ＨＳＵについて）**大卒の資格は得られない**」（五九ページ）としていますが、二〇一九年卒業で就職したＨＳＵ一期生のうち、九十八パーセントが「大卒扱い」で内定を得ています。世界二十数カ国に拠点を持つ国際企業にも数名就職し、国家公務員一般職大卒程度にも二名が合格するなど、大卒資格はなくとも、世界で活躍する人材を輩出しています。

宏洋氏は「（ＨＳＵの卒業生で）**教団本部の職員として採用されるのが、おそらく20〜30人**」（五九ページ）としていますが、ＨＳＵ一期生がいる二〇一九年と二期生がいる二〇二〇年のどちらの年も、卒業生をそれぞれ六十名以上採用しています。

また、宏洋氏は「**そもそも職員になりたい人の母数が減っているので、選んでもいられない**」（四四ページ）としていますが、明らかな嘘であり、当教団への入局志望者は増加しています。

工事車両を妨害したという嘘

宏洋氏は、**「大悟館《たいごかん》**（幸福の科学の教祖殿）の隣りに裁判所の宿舎（の跡地）があって、**買い取ろうとしたのがうまくいかず、2017年になってマンションの建設計画が持ち上がりました。大悟館より高い建物になる計画だったため、教団は激しい抗議運動を行なっています」**（六八～六九ページ）、**「私道に守衛ボックスを建てて、工事車両の出入りを妨害しました」**（六九ページ）としています。

この土地は今も国の所有地であり、マンションの建設計画自体がまったく存在しません。工事計画もなく、当然、工事車両の出入りもありませんので、妨害したという事実もあるはずがありません。また、私道、守衛ボックスは、公益法人としての教団の土地の範囲を正確に示しているものです。

幸福の科学の職員は自分で責任を取らないという嘘

宏洋氏は、**「幸福の科学の職員は、基本的に自分で責任を取りません」**（一一八ページ）としていますが、職員が「基本的に自分で責任を取らない」集団であれば、すでに教団組織は成り立っていません。当教団の中心的な教えの一つ、「反省の原理」では「人間には自己責任の原則があり、この世で思ったことや行ったことの責任は各人に帰属する」と説かれており、この教えを大前提として各人が修行しております。

すでに多くの職員が証言しているように、「何事も他人任せ」「うまくいかないことは全部他人のせいにしている」のは宏洋氏です。宏洋氏は、自らが責任者の立場にありながら、都合が悪くなると配下の職員に責任を押しつけることを重ねていました。

自身の肩書についての間違い

宏洋氏は、自身が当教団に戻ったときの肩書について、**「副理事長兼ニュースター・プロ**

ダクション社長でした。上から5番目くらいのポジションです」（一五一ページ）と説明していますが、宏洋氏が当教団に戻った二〇一五年十二月時点の肩書は、「メディア文化事業局担当理事 兼 ニュースター・プロダクション（株）副社長」でした。上から五番目というのもまったくの嘘で、理事会を構成する数十名の理事職の一人であったというだけのことです。

最も重い処分は過去世の書き換えという嘘

宏洋氏は、「**教団で最も重い処分は、過去世の書き換えです**」（一六五ページ）としていますが、当教団で最も重い処分は、破門《はもん》です。なお、宏洋氏については、二〇一九年六月二十五日付の懲戒《ちょうかい》免職処分をもって、当教団を破門となっています。

賠償金を支払った事実はない

宏洋氏は、「**清水（富美加）さんが途中降板したテレビやCMの仕事の賠償金として、教**

団は億単位のお金を払ったと聞いています」（一五八ページ）としていますが、そもそも賠償金を支払った事実などありません。

人生や家族がメチャクチャになったケースは多いという嘘

宏洋氏は、「人生や家族がメチャクチャになってしまった、というケースはとても多いのです」（一六六ページ）と、ごく一部の極端な例を持ち出して、「とても多い」などと述べていますが、明確な虚偽です。

宏洋氏はごく一部のネガティブな事例をことさらに取り上げ、大げさに記していますが、一方で、信仰を深めたことで幸福になった方々の事例については、圧倒的多数であったにもかかわらず、まったく取り上げようとしていません。また、宏洋氏は、信者と接触することを避けていたため、支部や精舎に足を運び、現場の状況を直接見聞きする機会はほとんどありませんでした。

同様に、宏洋氏は当教団の映画のロードショーに際して、一人で何度も鑑賞する人のことを「『ぐるぐる回転菩薩《ぼさつ》』と呼んで、ありがたがっています」（四一ページ）としていますが、そのような制度もなければ、そんな名称でありがたがっている事実もありません。

教団名を正々堂々と打ち出すのが教団の方針

宏洋氏は、「**最近の幸福の科学は、『自分たちは宗教団体です』と名乗らずに勧誘するケースがあるようです**」（一七一ページ）としていますが、教団名を正々堂々と打ち出して宗教活動を行うのが当教団の方針です。

いまだに訣別できない宏洋氏

宏洋氏は、「大川総裁も、幸福の科学も一切眼中にない」旨（一六九ページ）述べていますが、著書発刊後も大川総裁や教団を目の敵《かたき》にして、誹謗中傷の動画をアップし続けており、まったく訣別できていません。

宏洋氏の著書はまれに見る悪質な捏造《ねつぞう》本

宏洋氏は自著について「見聞きした内情をYouTubeやTwitterで発信した」（六ページ）としていますが、宏洋氏は中学受験後と高校受験後の二回、実母のきょう子《こ》氏に勘当され、中学時代はかなり素行が悪く、友達の家を順番に泊まり歩くようになっていました。高校受験のあとからは、独身の弟子たちの僧房に移されて家族と同居しておらず、家族の集いにもめったに出ていない状況でした。

当時、大川総裁と共に過ごされた他の弟妹の方々とは違って、総裁と接する機会が極めて少なかった宏洋氏が、弟妹たちが否定する、大川家に関するありもしない事実を著書で多数語っていることは、許されないことであり、客観的にも「見聞きした内情を」などと堂々と主張すること自体が事実に反するものです。

宏洋氏の書籍に反論する座談会で多数の証言にありましたように、当グループに関して、宏洋氏がYouTubeやTwitterで発信している内容や、今回の同氏著書の内容は、嘘に満ちていて、見聞きした内情とはかけ離れたもので溢《あふ》れています。

また、宏洋氏は、著書を出した理由として、**「教団の内情を正しく知って欲しいと思ったからです」**（一七一ページ）としていますが、宏洋氏が著書で述べていることのほとんどは、彼がその場に居合わせてもいない場面に関する妄想や創作、記憶のすり替えに基づく虚偽です。

教団理事長を務めたため、内情を知っているなどと主張していますが、宏洋氏が挙げている数字は、経営指標や稟議書に記されたものとはまったくかけ離れています。

また、宏洋氏は、当時、勤務時間帯は会議の場も含め、寝ていたことが多く、在職中の勤務態度からは、「教団の内情」を知ろうという姿勢は見受けられませんでしたし、信者のみならず職員と交わることもほとんどなかったため、内情を正しく知りえていません。

例えば、宏洋氏は、**「年に一度でも支部や精舎の活動に参加した人を『精舎研修参加頭数』と呼んでカウントしています」**（三二一ページ）としていますが、そもそも支部と精舎の区別もついておらず、精舎研修参加頭数の定義もまったく異なります。

宏洋氏は、自著について、**「暴露や中傷が目的ではないことを、わかっていただきたいと思います」**（一七一ページ）として、まるで自分が真実を伝えているかのように言っていますが、「教団の内情」を正しく知りえていない宏洋氏が、当教団の真実や正確な内情を伝えることは不可能です。同書は虚偽と誹謗中傷に満ちた、まれに見る悪質な捏造《ねつぞう》本です。

6 「週刊新潮　大川宏洋《ひろし》氏関連記事」に反論する

「週刊新潮」（二〇二〇年四月二日号）において、大川宏洋《ひろし》氏に関する記事が掲載されました。当教団への取材は一切なく、同記事は同氏著書『幸福の科学との訣別《けつべつ》』（文藝春秋《ぶんげいしゅんじゅう》刊）（以下、宏洋氏著書）と妹・咲也加氏の著書『娘から見た大川隆法』から抜き書きしたものが中心で、週刊誌としてまことに恥ずかしい〝便乗商法〟記事でした。

同記事には、多くの誹謗中傷《ひぼうちゅうしょう》、事実誤認が含まれ、当グループおよびその関係者の名誉を傷つける不当な記述が多数存在するため、以下のとおり、誤りを正し、当グループの見解を示します。

イタコと大宗教家の区別がつかない週刊新潮

同記事では、当グループの尊い霊言《れいげん》を「イタコ芸」などと揶揄《やゆ》していますが、宗教的真理を貶《おとし》めるものです。大川隆法総裁は、世界最大の霊能者であり、どんな霊でも呼び出せます。

霊言現象を行っている間、大川総裁の意識ははっきりしており、総裁自身がその霊に対して質問することも可能です。これはトランス状態になって意識が朦朧《もうろう》とする青森県恐山《おそれざん》などのイタコ（霊媒《れいばい》）とは明らかに違います。イタコ芸をやっているのは、むしろ、宏洋氏自身でしょう。そもそもイタコに取材もしておらず、イタコが呼べる霊と呼べない霊の区別さえついていません。

また政治家や各国元首など守護霊《しゅごれい》の霊言は、霊的世界の実相を明らかにするとともに、隠された本音や人間性、思想を明らかにする極めて公益性の高いものです。

野田《のだ》元首相守護霊の霊言《れいげん》収録は、国会での解散宣言の前に終了している

今回の記事では、民主党政権時代の野田佳彦《のだよしひこ》元総理の守護霊霊言《れいげん》の収録直前に現実世界の野田元首相が解散を明言したとしています。しかし、霊言が公開で収録されたのは二〇一二年の十一月十四日十時五分から十一時四十三分までで、野田元首相の解散発言は同日午後三時から国会で行われた党首討論の場であることから、これは明らかな架空の作り話です。宏洋氏著書では、この霊言収録直前に解散を知った職員からその事実を耳打ちされた司会者が、

「解散したらしい」と発言したため、収録現場は騒然《そうぜん》となったとしていますが、当日司会を務めた綾織次郎《あやおりじろう》理事兼「ザ・リバティ」編集長（当時）は、「耳打ちされた事実はありませんし、そもそも野田首相（当時）の解散発言は収録の数時間後です。収録は通常どおり、何事もなく終わりました」と証言しています。

だいたい、宏洋氏は、この収録現場にいなかったにもかかわらず、いったいどうしたらこのような見てきたかのような嘘《うそ》をつけるのでしょうか。もし、「自分はいた、その場で見た」というなら、ぜひその証拠を出してほしいものです。

なお、この映像は、支部で公開されたあとに書籍として発刊されました。

天国の霊は五体満足な姿で生活している

新潮記事では、水木《みずき》しげる氏の霊言が収録された際、両手を身体の前で下げた幽霊ポーズを取ったことについて、水木氏が戦争で片手を失くしたことと矛盾しているかのように取り上げています。

しかし、あの世に還った霊人《れいじん》は、自由自在な姿を取ることができ、身体が不自由だった人も天国に還れば自由になり、年老いた人も若返ります。失った腕も天国では元どおりになります。たとえ水木氏が生前、片手を失くしていたとしても、霊界《れいかい》では五体満足の姿に戻ることができ、むしろ霊的世界の真実に適っていると言えます。宏洋氏は、当教団の初歩的な教義すら知らないのです。

五百人を超える多彩な個性の霊言が〝パフォーマンス〟でできるのか

また、新潮記事では、宏洋氏の言葉を引いて「パフォーマンス」などと揶揄していますが、通常の霊言の場合は、イエス・キリストや哲学者のカント、プーチン大統領や習近平国家主席の守護霊、トランプ大統領の守護霊などの霊人が、それぞれ二時間前後にわたってその本心を語っており、それぞれ独立した個性が霊として存在していることを強く確信させるものです。

五百人を超える多彩な個性の違いが明確で、同じ霊人が時間を空けて何度出ても、その個性は一貫しています。霊言のなかには、高度な教えや未来予測、またさまざまな霊界の具体的描写が含まれています。たとえいくら準備したとしても、質問者を相手に一回で二時間近くも対話することなど、〝パフォーマンス〟としてできるものではありません。

また、一日で二～三人の霊人について霊言収録を行うことも、しばしばありますし、そのまま公開し、公開霊言は、二〇〇九年より千回以上行われて、書籍として発刊もしています。

「総裁の霊能力を疑った教団幹部は誰一人いない」などと主張していない

本記事では、咲也加氏が「総裁の霊能力を疑った教団幹部などは誰一人いなかった」としているのに対して、宏洋氏が「事実と違います。現にこの私が、本物だと思っていなかったのですから」と霊言がインチキであることを宏洋氏が「喝破《かっぱ》している」などと記述しています。しかし、そもそも咲也加氏は、そのようなことを主張していません。

大川総裁との対談本である『幸福の科学の後継者像について』（大川隆法・大川咲也加共著、幸福の科学出版刊）のなかで、咲也加氏は「『総裁先生の近くにいる方でも、これだけは、絶対に誰も批判しないな』と思うところが一つだけあると思うんですね。それは、『総裁先生の霊能力が本物である』というところです」と発言しています。

つまり、「総裁の近くにいる」人物は、（霊言について）「批判しない」というのが、咲也加氏の主張です。

ところが宏洋氏は「近くにいる人」を「幹部」に差し替え、「批判」を「疑う」に言い換えています。これは悪意に満ちた、巧妙なすり替えです。

ちなみに、中学以降、大川総裁の近くにいることがほとんどなく、総裁の仕事の様子もほとんど見たことがない宏洋氏が「現にこの私（宏洋氏）が、本物だと思っていなかったのですから」と言い募ったところで、咲也加氏の主張の過ちを「喝破」したことにはなりません。

そもそも喝破とは、「人が隠したがっている真理を明らかにすること」です。嘘と間違いだらけの虚偽本を出した宏洋氏に〝喝破すること〟などまったく不可能です。同氏がやっていることは、人間の幸福に不可欠な霊言という宗教的真実に対して疑いを抱かせる「洗脳」にほかなりません。偽物と「喝破」されたのは、彼の本と「文春」「新潮」のほうです。

「準備もなく、突然霊が訪れて始まる」ことが本物の霊言の特徴

また、宏洋氏は、宏洋氏のきょうだいで「霊言を信じている人間はいません」などとして

います。しかし、宏洋氏以外のきょうだいは、みな霊言を信じています。宏洋氏への反論として発刊された『宏洋問題の「嘘」と真実』（本年三月二十五日に幸福の科学出版から発刊）のなかで、三男の裕太氏は「当会の霊言は、情報が正しいだけでなく、人格的に、本当に本人とそっくり」、「私しか知らないような情報を、なぜか（私の）生霊《いきりょう》が言う」と、霊言を真実として信じていることを語っています。

妹の咲也加氏も前述のように、同書のなかで、「準備もなく、突然霊が訪れて始まるという経験も数多くしている」として、霊言が「『いかなるときでも、たくさんの霊言が行われる』ということが、真実の一端を示している」としています。

さらに、次男の真輝氏は、「学生時代の仲間だった先輩職員のリーディング（霊言）があった際、質問者として立ち会ったが、絶対に総裁先生が知らない話が開口一番に出てきて驚かされた」と、霊言の真実性を実感した経験を語っています。信じられていないのは宏洋氏の「霊言」で、信仰と教学不足のため、職員にも信者にも偽物と見破られています。

咲也加氏が「モーニング娘。」のオーディションを受けた事実はない

宏洋氏は、著書のなかでは「咲也加氏が『モーニング娘。』のオーディションを受けたいと言った」としていました。ところが今回の新潮記事のなかでは、さらに踏み込んで、「『モーニング娘。』のオーディションを受けたこともあるほど」と、咲也加氏がオーディションを受けた事実が存在すると明言しています。

このように、自分自身の本のなかの記述とコロコロと内容が食い違うなどというのは、問題外のデタラメです。この一点からも分かるとおり、宏洋氏著書のほとんどすべてが嘘とデタラメで塗り固められています。

咲也加氏自身、オーディションを受けた事実はなく、そのようなことを口にした記憶もなければ、そのような話を聞いたことがある関係者もいません。

上記コメントに続けて、「ずっと、〝私が目立ちたいのにお兄ちゃんばかりが目立つ〟と、コンプレックスを抱いていた」とした点もまったく事実に反します。

さらに、「いまは、教団の〝二代目〟候補の立場を守ろうと、必死なのです」とコメント

していますが、大川総裁は、教団の後継者の条件として、「法が曲がらない」ことが最も大事であり、そのためには、「性格が真面目で、コツコツと努力するタイプで、人の気持ちが分かる人であることが大事」と説いており、その条件に合致した最もふさわしい後継者が咲也加氏であり、咲也加氏が〝二代目〟になることにこだわっているわけではありません。教団在籍時に〝二代目〟になることにこだわって、弟妹に対してコンプレックスを抱いていたのは、むしろ宏洋氏のほうです。

トンデモ週刊誌「週刊新潮」は、現代の〝活字ゴキブリ〟

記事では、「こと霊言においては、宏洋氏と長女の著書、どちらがトンデモ本であるかは明白だろう」と締めくくられています。

週刊新潮編集部は、宏洋氏著書からピックアップした霊言に関する事例は具体的であるにもかかわらず、一方の咲也加氏の著書からは、「(霊言は) 厳然とある『事実』そのもの」など、抽象的な記述ばかりを引用しています。

しかし、咲也加氏の著書には、具体的な霊言体験の記述が数多くあります。一例を挙げれば、とある芸能人の守護霊霊言の収録を行った際、その芸能人が所属している事務所の関係者に見せたところ、「なぜこの子が目指しているものを知っているのだろう？　誰にも言っていない目標なのにバレている。幸福の科学のスパイがいるんじゃないか」などと驚かれた話などです。ゆえに、記事は悪質な印象操作を狙ったものであると言えます。

宏洋氏著書の霊言に関する記述には、上記のような明白な虚偽が本記事で引用されただけでも複数あり、本記事がまったくのデタラメなのは明らかです。

また、宏洋氏自《みずか》らが教団から公式チャネラーと認められていないにもかかわらず、霊障状態でたびたび霊言を行っていたことは、週刊新潮編集部も知っているはずです。にもかかわらず、記事ではその事実に触れず、一方的に霊言を貶めています。虚偽と誹謗中傷に満ちた宏洋氏のトンデモ本を裏取りなく紹介した、トンデモ週刊誌「週刊新潮」は、真実の光を嫌い、虚偽ネタを食す〝活字ゴキブリ〟といわれても仕方がありません。

週刊新潮と宏洋氏の両方に言えることとして、何が正しく、何が間違っているかという、正邪や真偽が真逆に見えているという根本的な問題があります。もし、天国が地獄に見え、天使が悪魔に見えるのであれば、それは結局、〝悪魔の手先〟そのものであるということになるでしょう。正しいものを引きずり下ろす「天邪鬼《あまのじゃく》体質」が、彼らの行動原理なのでしょうが、「嘘」をガソリンとして金儲けに励む悪質な体質を反省すべきです。自浄する力がないのであれば、やがて民意が離れ、週刊誌という紙媒体そのものの存在意義が、社会から厳しく判別される日もそう遠くはないでしょう。

当グループは、週刊新潮の悪《あ》しき商業主義に厳しく反省を迫ってまいります。

宏洋問題《ひろしもんだい》「甘《あま》え」と「捏造《ねつぞう》」

──徹底反論座談会 3──

2020年 4 月 2 日　初版第 1 刷

編　者　　幸福の科学総合本部

発行所　　幸福の科学出版株式会社

〒107-0052 東京都港区赤坂 2 丁目 10 番 8 号
TEL(03)5573-7700
https://www.irhpress.co.jp/

印刷・製本　株式会社 研文社

落丁・乱丁本はおとりかえいたします

ISBN978-4-8233-0166-7 C0014

不信仰の誤りを糺す

「文春」の報道倫理を問う

大川隆法 著

ずさんな取材体制、倫理観なき編集方針、女性蔑視体質など、文藝春秋の悪質な実態に迫った守護霊インタビュー。その正義なきジャーナリズムを斬る！

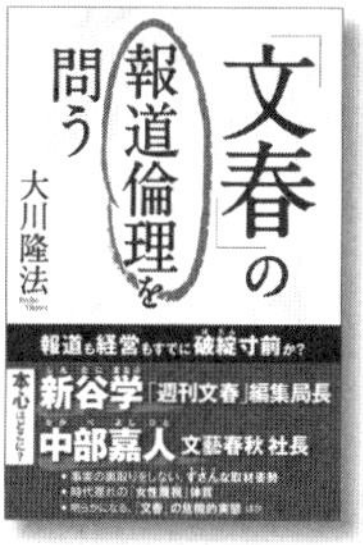

1,400円

人はなぜ堕ちてゆくのか。

宏洋問題の真相を語る

大川隆法 著

嫉妬、嘘、自己愛の塊──。人生の反面教師とも言うべき宏洋氏の生き方や、その虚妄を正すとともに、彼の虚言を鵜呑みにする文藝春秋の見識を問う。

1,500円

直撃インタビュー 大川隆法総裁、宏洋問題に答える

幸福の科学総合本部 編

「月刊 WiLL」「週刊文春」「YouTube」──。宏洋氏の虚偽の発信に対して、大川総裁ほか関係者が真相を語った、衝撃の質疑応答174分。

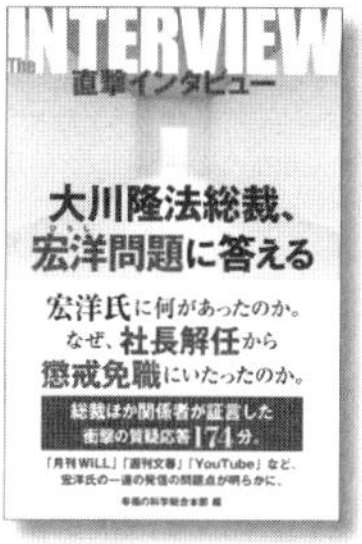

1,500円

信仰者の責任について

幸福の科学総合本部 編

数々の虚言と誹謗中傷で純粋な信仰を踏みにじる「偽りの信仰者」。その言動を側で見てきた者たちの証言と質問から、その過ちと矛盾を明らかにする。

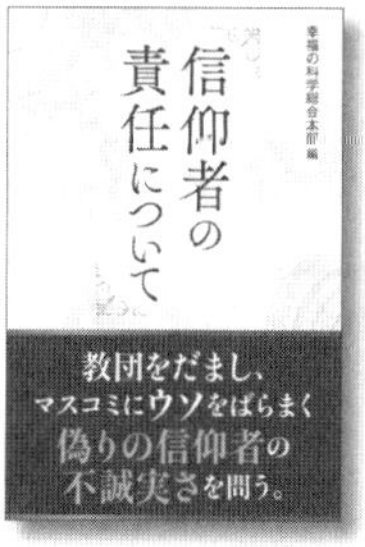

1,400円

宗教者のあるべき姿

1,400円

娘が語る
大川隆法の**自助努力**の姿

- ◆読書をしている父の姿
- ◆一日の生活スタイル
- ◆教育方針
- ◆大川家の家訓
- ◆世界のために命を懸ける「不惜身命」の姿
- ◆大病からの復活
- ◆「霊言」の真実

娘から見た大川隆法
大川咲也加 著

幼いころの思い出、家族思いの父としての顔など、実の娘が28年間のエピソードと共に綴る、大川総裁の素顔。

自助努力の精神を受け継ぐ幸福の科学の後継者

幸福の科学の後継者像について

大川隆法・大川咲也加 共著

霊能力と仕事能力、人材の見極め方、公私の考え方、家族と信仰──。全世界に広がる教団の後継者に求められる「人格」と「能力」について語り合う。

1,500円

※表示価格は本体価格(税別)です。

大川隆法「法シリーズ」・**最新刊**

鋼鉄の法

法シリーズ
第26作

人生をしなやかに、力強く生きる

自分を鍛え抜き、迷いなき心で、闇を打ち破れ──。
人生の苦難から日本と世界が直面する難題まで、さまざまな試練を乗り越えるための方法が語られる。

2,000円

第1章　繁栄を招くための考え方
──マインドセット編

第2章　原因と結果の法則
──相応の努力なくして成功なし

第3章　高貴なる義務を果たすために
──価値を生んで他に貢献する「人」と「国」のつくり方

第4章　人生に自信を持て
──「心の王国」を築き、「世界の未来デザイン」を伝えよ

第5章　救世主の願い
──「世のために生き抜く」人生に目覚めるには

第6章　奇跡を起こす力
──透明な心、愛の実践、祈りで未来を拓け

幸福の科学の中心的な教え──「法シリーズ」

全国書店にて好評発売中！

幸福の科学出版

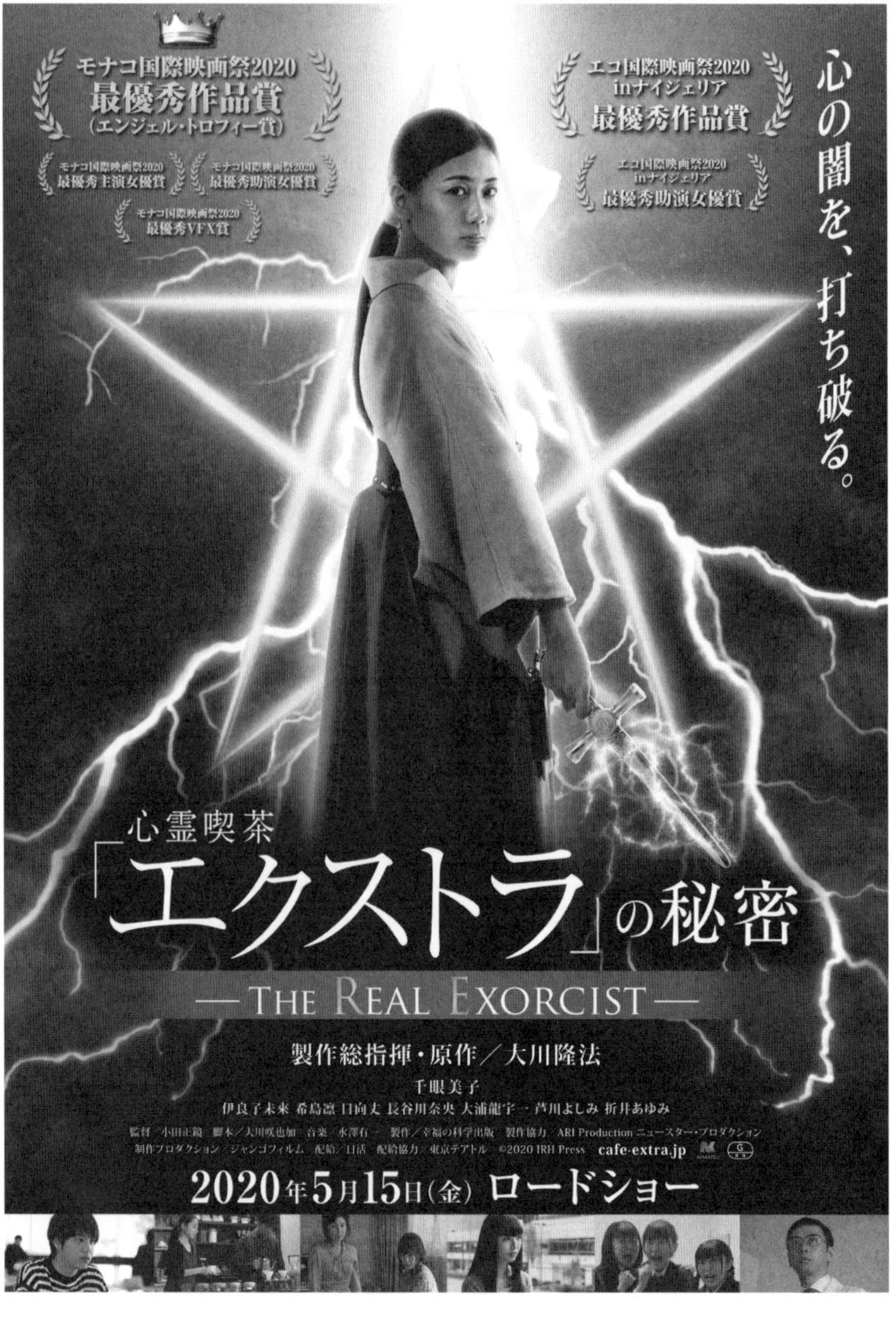

モナコ国際映画祭2020
最優秀作品賞
（エンジェル・トロフィー賞）
モナコ国際映画祭2020
最優秀主演女優賞
モナコ国際映画祭2020
最優秀助演女優賞
モナコ国際映画祭2020
最優秀VFX賞
エコ国際映画祭2020
inナイジェリア
最優秀作品賞
エコ国際映画祭2020
inナイジェリア
最優秀助演女優賞
心の闇を、打ち破る。
心霊喫茶
「エクストラ」の秘密
—THE REAL EXORCIST—
製作総指揮・原作／大川隆法
千眼美子
伊良子未來 希島凛 日向丈 長谷川奈央 大浦龍宇一 芦川よしみ 折井あゆみ
監督／小田正鏡 脚本／大川咲也加 音楽／水澤有一 製作／幸福の科学出版 製作協力／ARI Production ニュースター・プロダクション
制作プロダクション／ジャンゴフィルム 配給／日活 配給協力／東京テアトル ©2020 IRH Press cafe-extra.jp
2020年5月15日(金) ロードショー

1991年7月15日、東京ドーム。
人類史を変える「歴史的瞬間」が誕生した。
――これは、映画を超えた真実。
夜明けを信じて。
2020年秋 ROADSHOW
製作総指揮・原作 大川隆法
田中宏明　千眼美子　長谷川奈央　芦川よしみ　石橋保
監督／赤羽博　音楽／水澤有一　脚本／大川咲也加　製作／幸福の科学出版　製作協力／ARI Production　ニュースター・プロダクション
制作プロダクション／ジャンゴフィルム　配給／日活　配給協力／東京テアトル　©2020 IRH Press

幸福の科学グループのご案内

宗教、教育、政治、出版などの活動を通じて、地球的ユートピアの実現を目指しています。

幸福の科学

一九八六年に立宗。信仰の対象は、地球系霊団の最高大霊、主エル・カンターレ。世界百カ国以上の国々に信者を持ち、全人類救済という尊い使命のもと、信者は、「愛」と「悟り」と「ユートピア建設」の教えの実践、伝道に励んでいます。

（二〇二〇年四月現在）

愛

幸福の科学の「愛」とは、与える愛です。これは、仏教の慈悲《じひ》や布施《ふせ》の精神と同じことです。信者は、仏法真理をお伝えすることを通して、多くの方に幸福な人生を送っていただくための活動に励んでいます。

悟り

「悟り」とは、自らが仏の子であることを知るということです。教学《きょうがく》や精神統一によって心を磨き、智慧《ちえ》を得て悩みを解決すると共に、天使・菩薩《ぼさつ》の境地を目指し、より多くの人を救える力を身につけていきます。

ユートピア建設

私たち人間は、地上に理想世界を建設するという尊い使命を持って生まれてきています。社会の悪を押しとどめ、善を推し進めるために、信者はさまざまな活動に積極的に参加しています。

国内外の世界で貧困や災害、心の病で苦しんでいる人々に対しては、現地メンバーや支援団体と連携して、物心両面にわたり、あらゆる手段で手を差し伸べています。

年間約２万人の自殺者を減らすため、全国各地で街頭キャンペーンを展開しています。

公式サイト **www.withyou-hs.net**

ヘレン・ケラーを理想として活動する、ハンディキャップを持つ方とボランティアの会です。視聴覚障害者、肢体不自由な方々に仏法真理を学んでいただくための、さまざまなサポートをしています。

公式サイト **www.helen-hs.net**

入会のご案内

幸福の科学では、大川隆法総裁が説く仏法真理《ぶっぽうしんり》をもとに、「どうすれば幸福になれるのか、また、他の人を幸福にできるのか」を学び、実践しています。

入会

仏法真理を学んでみたい方へ

大川隆法総裁の教えを信じ、学ぼうとする方なら、どなたでも入会できます。入会された方には、『入会版「正心法語《しょうしんほうご》」』が授与されます。

ネット入会　入会ご希望の方はネットからも入会できます。
happy-science.jp/joinus

三帰《さんき》誓願《せいがん》

信仰をさらに深めたい方へ

仏弟子としてさらに信仰を深めたい方は、仏《ぶっ》・法《ぽう》・僧《そう》の三宝《さんぽう》への帰依を誓う「三帰誓願式」を受けることができます。三帰誓願者には、『仏説・正心法語』『祈願文《きがんもん》①』『祈願文②』『エル・カンターレへの祈り』が授与されます。

幸福の科学 サービスセンター
TEL 03-5793-1727
受付時間／
火～金：10～20時
土・日祝：10～18時
（月曜を除く）

幸福の科学 公式サイト
happy-science.jp

ハッピー・サイエンス・ユニバーシティ

Happy Science University

ハッピー・サイエンス・ユニバーシティとは

ハッピー・サイエンス・ユニバーシティ(HSU)は、大川隆法総裁が設立された「現代の松下村塾」であり、「日本発の本格私学」です。建学の精神として「幸福の探究と新文明の創造」を掲げ、チャレンジ精神にあふれ、新時代を切り拓く人材の輩出を目指します。

人間幸福学部　経営成功学部　未来産業学部

HSU長生キャンパス TEL **0475-32-7770**

〒299-4325　千葉県長生郡長生村一松丙 4427-1

未来創造学部

HSU未来創造・東京キャンパス

TEL **03-3699-7707**

〒136-0076　東京都江東区南砂2-6-5　公式サイト **happy-science.university**

学校法人 幸福の科学学園

学校法人 幸福の科学学園は、幸福の科学の教育理念のもとにつくられた教育機関です。人間にとって最も大切な宗教教育の導入を通じて精神性を高めながら、ユートピア建設に貢献する人材輩出を目指しています。

幸福の科学学園

中学校・高等学校(那須本校)

2010年4月開校・栃木県那須郡(男女共学・全寮制)

TEL **0287-75-7777** 公式サイト **happy-science.ac.jp**

関西中学校・高等学校(関西校)

2013年4月開校・滋賀県大津市(男女共学・寮及び通学)

TEL **077-573-7774** 公式サイト **kansai.happy-science.ac.jp**

仏法真理塾「サクセスNo.1」

全国に本校・拠点・支部校を展開する、幸福の科学による信仰教育の機関です。小学生・中学生・高校生を対象に、信仰教育・徳育にウエイトを置きつつ、将来、社会人として活躍するための学力養成にも力を注いでいます。

TEL 03-5750-0751（東京本校）

エンゼルプランV　TEL 03-5750-0757

幼少時からの心の教育を大切にして、信仰をベースにした幼児教育を行っています。

不登校児支援スクール「ネバー・マインド」　TEL 03-5750-1741

心の面からのアプローチを重視して、不登校の子供たちを支援しています。

ユー・アー・エンゼル！（あなたは天使！）運動

一般社団法人 ユー・アー・エンゼル　TEL 03-6426-7797

障害児の不安や悩みに取り組み、ご両親を励まし、勇気づける、
障害児支援のボランティア運動を展開しています。

NPO活動支援

いじめから子供を守ろうネットワーク

学校からのいじめ追放を目指し、さまざまな社会提言をしています。また、各地でのシンポジウムや学校への啓発ポスター掲示等に取り組む一般財団法人「いじめから子供を守ろうネットワーク」を支援しています。

公式サイト mamoro.org　ブログ blog.mamoro.org

相談窓口 TEL.03-5544-8989

百歳まで生きる会

「百歳まで生きる会」は、生涯現役人生を掲げ、友達づくり、生きがいづくりをめざしている幸福の科学のシニア信者の集まりです。

シニア・プラン21

生涯反省で人生を再生・新生し、希望に満ちた生涯現役人生を生きる仏法真理道場です。定期的に開催される研修には、年齢を問わず、多くの方が参加しています。全世界212カ所（国内197カ所、海外15カ所）で開校中。

【東京校】TEL 03-6384-0778　FAX 03-6384-0779

メール senior-plan@kofuku-no-kagaku.or.jp

幸福実現党

内憂外患《ないゆうがいかん》の国難に立ち向かうべく、2009年5月に幸福実現党を立党しました。創立者である大川隆法党総裁の精神的指導のもと、宗教だけでは解決できない問題に取り組み、幸福を具体化するための力になっています。

幸福実現党 釈量子サイト **shaku-ryoko.net**
Twitter **釈量子@shakuryokoで検索**

党の機関紙
「幸福実現NEWS」

幸福実現党 党員募集中

あなたも幸福を実現する政治に参画しませんか。

○幸福実現党の理念と綱領、政策に賛同する18歳以上の方なら、どなたでも参加いただけます。

○党費:正党員(年額5千円[学生 年額2千円])、特別党員(年額10万円以上)、家族党員(年額2千円)

○党員資格は党費を入金された日から1年間です。

○正党員、特別党員の皆様には機関紙「幸福実現NEWS(党員版)」(不定期発行)が送付されます。

＊申込書は、下記、幸福実現党公式サイトでダウンロードできます。

住所:〒107-0052 東京都港区赤坂2-10-8 6階 幸福実現党本部

TEL **03-6441-0754** FAX **03-6441-0764**

公式サイト **hr-party.jp**

出版 メディア 芸能文化 幸福の科学グループ

幸福の科学出版

大川隆法総裁の仏法真理の書を中心に、ビジネス、自己啓発、小説など、さまざまなジャンルの書籍・雑誌を出版しています。他にも、映画事業、文学・学術発展のための振興事業、テレビ・ラジオ番組の提供など、幸福の科学文化を広げる事業を行っています。

アー・ユー・ハッピー？
are-you-happy.com

ザ・リバティ
the-liberty.com

幸福の科学出版
TEL **03-5573-7700**
公式サイト **irhpress.co.jp**

THE FACT

ザ・ファクト
マスコミが報道しない「事実」を世界に伝えるネット・オピニオン番組

ザ・ファクト 検索

NEW STAR PRODUCTION

ニュースター・プロダクション

「新時代の美」を創造する芸能プロダクションです。多くの方々に良き感化を与えられるような魅力あふれるタレントを世に送り出すべく、日々、活動しています。 公式サイト **newstarpro.co.jp**

ARI Production

ARI《アリ》 Production《プロダクション》

タレント一人ひとりの個性や魅力を引き出し、「新時代を創造するエンターテインメント」をコンセプトに、世の中に精神的価値のある作品を提供していく芸能プロダクションです。 公式サイト **aripro.co.jp**